Couverture de Couverture

971

L'IMAGINATION

ET SES VARIÉTÉS

CHEZ L'ENFANT

L'IMAGINATION

ET SES VARIÉTÉS

CHEZ L'ENFANT

ÉTUDE DE PSYCHOLOGIE EXPÉRIMENTALE
APPLIQUÉE A L'ÉDUCATION INTELLECTUELLE

PAR

FRÉDÉRIC QUEYRAT

Professeur de philosophie au collège de Mauriac.

> « Il y a dans l'âme de chaque
> homme, aussi bien que dans son
> visage, quelque chose de particulier
> qui le distingue des autres ; et peut-
> être existe-t-il à peine deux enfants
> qui puissent être dirigés de la même
> manière, si l'on prend la chose dans
> la dernière exactitude. » (LOCKE.)

PARIS

ANCIENNE LIBRAIRIE GERMER BAILLIÈRE ET Cie

FÉLIX ALCAN, ÉDITEUR

108, BOULEVARD SAINT-GERMAIN, 108

——

1893

PRÉFACE

Un mot d'abord sur le titre de cet ouvrage.

L'imagination *s'entend, en psychologie, ou de la* reproduction des images, *où de* leur combinaison. *Dans le premier cas, elle n'est, à vrai dire, qu'une forme de la mémoire, variable suivant les esprits, et* tel est le point de vue exclusif sous lequel nous la considérons en l'inscrivant en tête de cette étude, *où nous aurons d'ailleurs l'occasion de noter aussi son rôle comme faculté active soumise au contrôle de la raison.*

Ce point fixé, nous prevenons le lecteur qu'il ne doit pas chercher, dans les pages qui suivent, une théorie complète de l'image, — la tâche que nous avons entreprise étant plus restreinte et plus pratique; — ni une série de préceptes ou de règles uniformément applicables : donner des aperçus plutôt que des formules, suggérer au lieu d'enseigner, telle est la pensée qui nous a guidé.

Nous nous proposons simplement en effet de dégager d'un ensemble d'observations incontestables et caractéristiques dues à la psychologie contemporaine, les principales lignes d'une méthode raisonnée de l'éducation intellectuelle. Notre but est de faire reconnaître tout l'intérêt qu'il y a, pour établir l'instruction des enfants sur une base solide, à se rendre compte, plus qu'on n'a coutume, des moyens qu'ils possèdent de réussir dans un ordre donné d'études, comme aussi de leur inaptitude parfois profonde à s'y livrer. Peut-être aura-t-on de la sorte la clef de la répulsion ou au contraire du goût qu'ils manifestent pour une science.

La façon différente dont chaque cerveau enregistre les impressions sensorielles sur lesquelles s'exerce l'activité mentale sert de fondement à la théorie que nous allons esquisser.

Afin d'être le plus clair possible, nous étudierons rapidement la nature des images, principalement des images tactiles-musculaires, visuelles et auditives, les seules qui présentent vraiment un intérêt intellectuel; après quoi, constatant les variétés qu'on rencontre, suivant les esprits, dans leur conservation et leur restauration, nous essaierons de faire ressortir la supériorité que peut créer la prédominance de tel ou tel ordre d'entre elles et les indices à en tirer pour déterminer les aptitudes réelles de chacun. Mais comme le développement excessif d'une classe d'images, quelque avantageux qu'il puisse être en bien des circonstances, ne laisse pas, surtout s'il devient exclusif, de créer de graves dangers, nous nous appliquerons à montrer en même temps, avec la nécessité qui s'impose de pondérer, dans la mesure du possible, les images diverses les unes par les autres, quelques-uns des procédés à employer pour y réussir. Il y a là un vaste champ d'expériences pédagogiques.

Aussi nous a-t-il semblé opportun d'attirer l'attention sur cet ordre d'idées trop méconnu peut-être, malgré l'importance offerte par une pareille question.

Il est superflu d'ajouter que ces pages n'ont pas été écrites pour des psychologues, mais s'adressent spécialement à cette partie considérable du public qui, sans être très au courant des progrès de la science de l'esprit, s'intéresse de près ou de loin à ceux de l'instruction. C'est pourquoi, toutes les fois que nous l'avons pu, nous avons cédé la parole aux maîtres dont la haute compétence dans les questions qui sont traitées ici fait autorité ; c'est pourquoi encore nous n'avons pas craint de multiplier les exemples, parce que nous y voyons, suivant le mot d'un ancien, un moyen très sûr de faire saisir plus promptement et plus nettement que par de longues explications les conceptions abstraites qu'ils sont destinés à illustrer.

Puisse le résultat justifier notre tentative et cette étude inspirer à nos lecteurs le désir d'approfondir les notions que nous leur présentons d'une façon succincte.

CHAPITRE PREMIER

NATURE DES IMAGES

Des images. — En quel sens il faut entendre ce terme. — Autant d'images que de sensations. — Rapports de ces deux ordres de phénomènes. — Identité de nature. — Exemples. — Communauté de siège.

Dans la langue vulgaire, le mot *image* a une acception très restreinte ; on l'applique presque exclusivement aux phénomènes d'ordre *visuel*. Nous a-t-il été donné de contempler quelque panorama grandiose, avons-nous été ravis d'admiration devant un monument, chef-d'œuvre de l'architecture, ou frappés par une scène émouvante, le tableau s'en est gravé dans notre esprit, et, loin du paysage ou de l'édifice, longtemps après l'événement, nous en gardons la représentation plus ou moins fidèle et plus ou moins intense. Ce que nous avons *vu*, nous apparaît mentalement. A notre appel, surtout quand nous fermons les yeux, nous le voyons se dérouler; nous percevons l'ensemble et jusqu'à des détails souvent des plus minutieux, selon notre puissance de *visualisation*. A plus forte raison, un tel souvenir est-il facile et vif, si les objets remémorés nous sont familiers : tels, le visage de nos parents, de nos amis, l'aspect des lieux où s'est écoulée notre jeunesse. Cette reproduction de la sensation optique est ce que l'on appelle communément une *image*.

Mais la faculté que nous possédons de nous rappeler le phénomène visuel, alors qu'il n'existe plus pour nous, n'est pas bornée à ce seul ordre de représentations. Si nous sommes capables de nous figurer une personne absente, nous le sommes aussi tout à la fois d'entendre le son de sa voix. S'il nous est loisible de faire apparaître dans les ténèbres les couleurs plus ou moins éclatantes d'une fleur, nous pouvons également imaginer son parfum; quand l'appétit nous sollicite, nous avons un avant-goût du mets qui doit le satisfaire. Or, dans ces divers cas, l'acte mental est le même; il y a toujours reproduction plus ou moins affaiblie d'une sensation. Si donc on appelle *image* la reproduction ou réviviscence des sensations visuelles, on doit appeler de même celle des sensations acoustiques, tactiles-musculaires, olfactives, gustatives : en sorte que, toutes les sensations pouvant renaître ainsi, il y a lieu de distinguer autant d'espèces d'images.

Assurément, vu l'équivoque de ce terme, un nom spécial serait préférable pour désigner la classe de phénomènes que nous lui rapportons ; mais nul de ceux qu'ont employés ou proposés à sa place plusieurs psychologues, n'offre un sens même aussi net[1]. Nous le conserverons donc, puisque nous lui reconnaissons une signification

(1) Ainsi des mots *conception* (Ad. Garnier), *idée* (Condillac, l'école associationiste anglaise), *représentation* (les philosophes allemands). M. V. Egger (*La parole intérieure*, p. 198) propose celui de *pseudo-sensation*, qui nous paraît convenir plutôt à l'hallucination proprement dite, qu'à la généralité des images dont quelques-unes sont parfois très faibles. « On pourra employer plusieurs termes pour exprimer cette demi-résurrection de notre expérience, écrit M. Taine, dire qu'elle est un arrière-goût, un écho, un simulacre, un fantôme, une *image* de la sensation primitive ; peu importe : toutes ces comparaisons signifient qu'après une sensation provoquée par le dehors et non spontanée, nous trouvons en nous un second événement correspondant, non provoqué par le dehors, spontané, semblable à cette même sensation quoique moins fort... La sensation se répète, quoique moins distincte, moins énergique, et privée de plusieurs de ses alentours. »

déterminée ; et nous définirons alors l'image : *la reproduction de la sensation, reproduction plus faible en général que celle-ci, mais toutefois capable,* comme nous le verrons, *d'acquérir dans certaines conditions une intensité telle qu'on se croirait encore en présence de l'objet.*

Ainsi formulée, cette définition implique l'identité de nature de la sensation et de l'image. Il n'existe, en effet, entre ces deux ordres de phénomènes qu'une différence de degré. C'est une vérité reconnue aujourd'hui par tous les psychologues et dont la preuve n'est plus à faire : preuve multiple, que nous allons brièvement rappeler.

Pour nous convaincre, ayons recours avant tout à l'observation directe de notre état présent, ou, dans le langage de l'école, au *témoignage de notre conscience,* c'est-à-dire essayons de *réaliser effectivement* en nous le souvenir d'un état psychologique donné, et non le souvenir seulement du mot qui l'exprime ou des circonstances qui en ont accompagné la perception, et nous reconnaîtrons que cela ne nous est possible qu'*en réalisant cet état même.* Ainsi *nous souvenons-nous nettement* d'un air de musique, du bruit d'une voiture, de la voix d'un ami ou du chant d'un coq, nous avons plus ou moins ces sons dans l'oreille [1]. *Nous rappelons-nous avec précision* la saveur d'un fruit, d'une pêche par exemple ou de raisins, nous en avons incontestablement comme l'avant-goût au palais. Insister sur ce point serait superflu, car il n'est personne qui ne puisse faire une telle observation.

L'identité de nature de la sensation et de l'image se prouve encore par la *similitude de leurs effets;* d'où l'on peut légitimement, semble-t-il, inférer *celle des causes.* — *Les effets physiques, d'abord, sont les mêmes.* Van Swiéten ayant été pris de vomissements à la vue du cadavre d'un chien exhalant une odeur nauséabonde, se retrouvait par hasard dans le même lieu quelques années après. Le souvenir de ce qu'il avait éprouvé ramena le même dégoût et les mêmes effets. « Un gourmand, assis devant un bon plat, en sent d'avance le goût exquis, et *les papilles de sa langue deviennent humides;* l'image de la saveur attendue équivaut à la sensation de la

_____

(1) « Pouvons-nous nous souvenir d'un air de musique sans qu'une espèce d'ondulation affaiblie semble encore, comme un lointain écho, faire vibrer notre oreille, au point que d'imperceptibles mouvements de la tête et du corps marquent la mesure ? » (Joly, *L'Imagination*, p. 7.)

1.

saveur présente; la ressemblance va si loin que, *dans les deux cas, les glandes salivaires suintent au même degré* [1]. » — « Quand j'écrivais l'empoisonnement d'Emma Bovary, raconte Flaubert dans une lettre à M. Taine, j'avais si bien *le goût d'arsenic dans la bouche*, j'étais si bien empoisonné moi-même, que je me suis donné deux indigestions coup sur coup, deux indigestions très réelles, car j'ai vomi tout mon dîner. » — *Les effets psychologiques aussi :* « Il est des récits qui nous font froid dans le dos, c'est-à-dire qui nous font éprouver au moins quelques indices des douleurs auxquelles nous pensons. Balzac raconte de lui-même que s'il se représentait un canif entrant dans ses chairs, il en ressentait de vives souffrances... Il n'est guère d'étudiant en médecine qui n'ait cru remarquer sur lui tous les symptômes des maladies que ses maîtres lui décrivaient pour la première fois. » (Joly.)

Mais ce qui démontre d'une façon irréfutable l'existence entre la sensation et l'image d'une simple différence de degré, c'est la *confusion fréquente qui s'établit entre elles*, ainsi qu'il arrive en trois cas différents.

(1) Taine, *De l'Intelligence.*

Le fait a lieu d'abord lorsque *telle est la vivacité du souvenir qu'il devient hallucination* [1] ; la
folie, l'exaltation cérébrale, nul ne l'ignore, ou
même simplement une grande fatigue d'un sens,
en offrent des cas nombreux. Ainsi il n'est pas
rare qu'un bruit de clairons entendu longtemps
se réveille après que sa cause a cessé d'exister.
L'œil de l'astronome continue à voir dans l'obscurité le disque du soleil qu'il vient de regarder.
De même « les personnes qui se servent habituellement du microscope voient quelquefois reparaître spontanément, plusieurs heures après
qu'elles ont quitté leur travail, un objet qu'elles
ont examiné très longtemps [2] ». M. Baillarger,
ayant préparé, pendant plusieurs jours consécu-
tifs et plusieurs heures par jour, des cerveaux avec
de la gaze fine, « vit tout à coup la gaze couvrir
à chaque instant les objets qui étaient devant
lui... et cette hallucination se reproduisit pendant
plusieurs jours ». — Il suffit d'ailleurs, en dehors
de toute cause morbide ou de tout jeu excessif
des organes des sens, d'une grande *puissance*

(1) Voir plus loin, chap. VIII.
(2) Baillarger, *Mémoire sur les hallucinations*, cité par
M. Taine.

d'imagination pour réaliser le même effet[1]. On en verra divers exemples dans le cours de cette étude[2]. Contentons-nous ici de transcrire le fait suivant rapporté par M. Brierre de Boismont (*Des hallucinations*, 3ᵉ édit., p. 488-489) : « Un monomaniaque, d'un esprit ardent et cultivé, *traduisait instantanément, en fausses perceptions visuelles*, toutes les idées qui lui passaient par la tête. Il n'avait qu'à se rappeler ou à concevoir une chose ou une personne, pour qu'aussitôt cette chose ou cette personne fût douée pour lui d'une apparence de réalité extérieure.

« Un jour, dit M. Michéa, nous le trouvâmes, le
« regard fixe, la bouche souriante et frappant
« ses deux mains en signe d'applaudissement. Il
« ne nous avait point entendu ouvrir la porte de

(1) « La psychologie expérimentale nous apprend, à n'en pas douter, qu'entre l'imagination vive et l'hallucination, il n'y a qu'une différence de degré, si bien que tout grand artiste, tout *voyant* est un peu halluciné. » (Ribot, *L'Hérédité psychologique*, 2ᵉ édit., p. 309.) — « Les recherches intéressantes de M. Galton sur le pouvoir de « visualiser » tendent à prouver que bien des gens peuvent se jouer à leur gré sur les frontières du monde fantastique de l'hallucination. On a quelque raison de croire que les enfants imaginatifs sont portés à confondre les images mentales et les perceptions. » (James Sully, *Les Illusions des sens et de l'esprit*, p. 85.)

(2) Voir notamment, p. 45, le cas du peintre cité par Wigan.

« sa chambre. A notre question : Que signifie
« ce que vous faites là ? — Je suis, nous ré-
« pondit-il, comme le fou dont parle Horace, j'as-
« siste à un spectacle imaginaire. Je m'ennuyais
« au coin de mon feu ; j'aime beaucoup les mer-
« veilles de l'Opéra, je me suis représenté à moi-
« même le ballet de *la Sylphide*, et quand vous
« êtes venu me frapper sur l'épaule, j'applau-
« dissais Taglioni, dont la danse souple et pleine
« de noblesse ne m'avait jamais tant charmé. »

Dans les cas qui précèdent, la confusion signa-
lée provient d'une intensité exceptionnelle de
l'état remémoré. Le résultat est le même, *quand
la sensation descend, au contraire, au niveau habituel de l'image.* « Ainsi, lorsqu'un son s'éteint
peu à peu, vient un moment où on ne sait plus si
on l'entend encore ou si on ne fait que s'en souvenir [1]. Pourtant la limite devrait être parfaite-

---

(1) « Plusieurs fois, il m'est arrivé d'écouter les sons lointains d'une cloche ou d'une horloge ; je remarquais bientôt
qu'ils se répétaient indéfiniment, et la chose me paraissait
invraisemblable ; c'est que mon imagination en prolongeait
la série après que mon oreille avait cessé de percevoir ;
comme les sons perçus étaient très faibles et aussi peu localisés que possible, le dernier entendu et le premier imaginé
avaient présenté les mêmes caractères, et je n'avais pu les
distinguer à temps. » (V. Egger, *ouv. cité*, p. 106.)

ment distincte, s'il y avait entre l'état primaire
(sensation) et l'état remémoré une différence spé-
cifique. De même quand on regarde les étoiles au
crépuscule : tantôt on les voit, tantôt on ne les
voit pas ; mais on ne peut pas dire au juste quand
on les voit réellement et quand on cesse de les
voir [1]. »

Pareille confusion se produit enfin *lorsque la
sensation faisant défaut* [2], comme il arrive dans
les rêves, l'image est prise pour une sensation
réelle, phénomène dû sans doute autant à l'intensité propre de l'image qu'à l'absence de ses *ré-
ducteurs* ordinaires, c'est-à-dire des sensations
réelles, concomitantes, qui pourraient en corriger
et en atténuer l'effet.

L'ensemble des faits qui précèdent ne laisse-
rait donc aucun doute sur l'identité de nature
des sensations et de leurs images, si celle-ci
n'était en outre définitivement confirmée par des
expériences précises, qui établissent la *commu-*

---

(1) Rabier, *Leçons de philosophie, Psychologie.*

(2) Voir dans l'ouvrage de M. Binet, *La Psychologie du
raisonnement*, chap. ii, paragraphe 2, comment les images
suggérées dans le sommeil hypnotique se transforment en hallucinations, par le fait qu'elles règnent seules dans la conscience du patient.

nauté de leur siège cérébral[1]. Nous citerons seulement celle de Wundt. Ce psychologue a montré que la simple image d'une couleur vive, longtemps contemplée en imagination, les yeux fermés, donne lieu à la sensation consécutive d'une couleur complémentaire[2], ainsi qu'il arriverait si on eût contemplé un objet coloré réel[3]. Par exemple, si l'on regarde fixement *dans son esprit*, pendant quelques instants, l'image du rouge, on aperçoit,

(1) On en trouvera rapportées un grand nombre dans l'ouvrage ci-dessus indiqué de M. Binet, ainsi que dans *Le Magnétisme animal,* chap. ix, publié par le même auteur, en collaboration avec M. Féré.

(2) On appelle couleurs *complémentaires* d'une autre les couleurs dont l'ensemble reconstitue le blanc avec la couleur en question (Expérience du disque de Newton). Ainsi *les* couleurs complémentaires du rouge sont les six autres, mais *la* couleur complémentaire du rouge est le vert, celle du jaune, l'indigo, etc. (Voir Eug. Véron, *L'Esthétique,* p. 265 et suivantes.)

(3) Si l'on fixe pendant un instant un cercle rouge (un pain à cacheter, par exemple) placé sur une feuille de papier blanc, ou, ce qui est préférable, afin d'immobiliser l'œil, un point marqué au centre du cercle, et que l'on retire brusquement le cercle rouge, on voit apparaître sur le papier le même cercle, mais en vert, qui est la couleur complémentaire du rouge. On peut naturellement intervertir l'expérience, ou la tenter avec les autres couleurs du spectre. — La raison de ce phénomène est que le *centre cérébral* de la vision (consulter Binet, *ouv. cité,* p. 44 et suiv.), ayant épuisé son impressionnabilité pour une couleur, nous ne percevons plus du blanc que la couleur complémentaire.

en ouvrant les yeux sur une surface blanche, une teinte verte. M. Alex. Bain a donc eu raison de dire : « L'impression renouvelée occupe exactement les mêmes parties nerveuses que l'impression primitive, et de la même façon[1]. »

(1) Quant à la détermination anatomique de ce siège, c'est dans le lobule pariétal inférieur qu'on place le centre des sensations visuelles, et dans le lobe sphénoïdal, le centre auditif. Les images visuelles et auditives résulteraient donc de l'excitation de ces deux centres.

CHAPITRE II

LA LOI PSYCHOLOGIQUE DE L'ASSOCIATION
ET SA FÉCONDITÉ

La *loi psychologique de l'association*. — Association des images dans la formation des idées. — Rôle prédominant des sensations et images tactiles-musculaires, visuelles et auditives. — La synthèse des images opérée par les mots. — Images verbales. — *Les associations diverses des images, des idées et des mots fournissent à l'intelligence tous ses matériaux.* — Où l'on doit en conséquence chercher la raison de la diversité des esprits.

Cette propriété de nos sensations, fugitives par elles-mêmes, de reparaître sous forme d'images, rend possible la connaissance, l'esprit trouvant là des matériaux durables. Pourtant il n'y puiserait que de faibles ressources, sans la loi fondamentale qui régit nos états de conscience, la *loi d'association*, en vertu de laquelle tous les faits *simultanément ou successivement conscients* ont la propriété de se souder les uns aux autres, et

cela avec d'autant plus de force et de durée, que
leur contiguïté a été plus prolongée ou plus fréquente dans la perception que nous en avons eue
ou encore que celle-ci a été plus vive.

Ainsi « quand ma vue s'étend sur un paysage,
sur un parterre embaumé d'émanations odorantes ;
— quand j'assiste à une représentation théâtrale,
dans laquelle les splendeurs de la mise en scène
égalent les magnificences de l'harmonie musicale,
mon cerveau est assailli à la fois par une série
d'impressions simultanées qui se font cortège et
s'impriment en bloc dans le *sensorium*.

« Ces impressions simultanées, optiques, olfactives, acoustiques, reçues au même moment et
dans différentes circonscriptions à la fois, constituent une série de souvenirs contemporains
qui se créent et s'implantent en moi ; et désormais ces ébranlements qui sont nés ensemble,
qui ont été simultanément conçus, vont représenter dans la série générale de mes souvenirs
un groupe défini, dont les éléments réunis par
les liens d'une fédération mystérieuse vont vivre
tous de la même vie, s'anastomoser les uns avec
les autres, *pour s'appeler aussitôt qu'un des chaî-
nons sera sollicité.*

« C'est ainsi que la vue d'un coin même du paysage que j'ai vu tout d'abord, et du parterre qui a flatté mon odorat, me rappellera l'odeur des plantes que j'ai agréablement senties et même les émotions dans lesquelles je me trouvais à ce moment précis ; et, inversement, ces parfums, perçus plus tard accidentellement, évoqueront en moi d'une façon automatique le souvenir des lieux, du parterre où ils auront été simultanément perçus ; — c'est ainsi encore que la vue de tel ou tel décor de la représentation théâtrale me fera me souvenir du morceau de musique entendu en sa présence, et que, du même coup, si dans un autre milieu j'entends les refrains qui m'ont frappé, je sentirai s'éveiller en moi les souvenirs afférents qui me représenteront les décors et le spectacle des yeux dans lequel j'ai pour la première fois entendu les sons musicaux[1]. »

Cette loi qui domine tous les faits psychiques est d'une importance capitale. Nos idées concrètes en effet sont formées par des groupements de ce genre, par une collection d'images : « Ce que nous appelons *connaissance* d'un objet, dit Bain,

(1) Luys, *Le Cerveau et ses fonctions*.

est la réunion de toutes les sensations qu'il détermine, en une idée complexe de cet objet. L'idée que nous avons d'un schilling est un composé d'apparence visible, de son et de toucher. » Et ces diverses images sont soudées de telle sorte que la reviviscence de l'une entraîne immédiatement celle des autres : par exemple, le son seul de la pièce, le souvenir même du son, suffisant pour la faire renaître en nous avec chacune de ses qualités, on voit du coup quelle économie considérable d'attention ou d'activité l'esprit réalise de la sorte en ses opérations.

Mais, prises à part ou dans le groupe dont par association elles font partie intégrante, nos sensations et conséquemment leurs images n'offrent pas toutes le même intérêt intellectuel. Ainsi nous ne trouvons dans les *sensations des organes internes* aucun caractère qui permette de les classer ni de les décrire ; elles ne nous procurent guère que du plaisir ou de la douleur ; c'est dire que l'élément *affectif* les constitue presque exclusivement.

Il en est à peu près de même des *sensations de l'odorat et du goût,* dont le rôle est bien modeste dans la science, quoiqu'elles laissent pourtant une certaine prise à l'intelligence, puisqu'on peut, comme le chimiste, s'en servir pour discerner la nature des corps.

Les *sons* nous offrent, au contraire, divers aspects sur lesquels s'exerce l'activité de l'esprit : l'*intensité*, le *volume*, le *timbre*, la *hauteur;* aussi donnent-ils lieu à deux sciences distinctes : l'*acoustique* et l'*harmonie*. Mais ils doivent principalement de jouer un rôle de premier ordre dans la vie mentale, *à ce qu'ils servent directement aux manifestations de l'expression verbale.*

Plus instructives encore sont les *sensations visuelles*, qui nous font connaître les *propriétés lumineuses*, la *couleur*, et, après expérience, la *forme*, la *grandeur apparente*, la *distance*, le *volume* des objets ; cependant, bien que la science de l'*optique* soit basée sur elles, nous leur devons un secours plus utile, à savoir, *d'être d'une part initiés à la pensée d'autrui, grâce à la parole écrite* conservée dans le temps et transmise à distance, et, d'autre part, de *traduire à notre tour nos idées sous une forme manuscrite* qui en devient ainsi l'expression manifeste. — N'oublions pas leur privilège d'être, avec les sensations auditives, les seules *esthétiques*[1], c'est-à-dire les seules auxquelles nous devons de jouir des différents arts : poésie, musique, peinture, sculpture, architecture.

Quant aux sensations *tactiles-musculaires*[2], sensations fondamentales, puisqu'elles sont les éducatrices de la vue (ce toucher à distance), elles nous permettent de distinguer les degrés de *poids*, d'*élasticité*, de *résistance*, et contribuent pour une immense part à nous faire connaître l'*étendue*, le *volume*, la *forme* des objets, ainsi que leur *distance*, leur *situation*. D'un intérêt capital pour la connaissance des corps, elles sont, avec les sensations auditives et surtout avec les sensations visuelles celles qui profitent le plus au développe-

(1) « La perception de la beauté est réservée à deux sens, l'ouïe et la vue, et rien ne peut les remplacer. Si nous n'avions que le toucher, le monde décoloré et muet, ne rendant aucun son et n'offrant aucuns jeux de lumière, serait pour nous infiniment moins beau et moins digne d'intérêt. » (H. Marion, *Leçons de psychologie appliquée à l'éducation*, p. 292-293.)

(2) Nous rangeons sous ce nom commun les sensations dues au *Toucher* et au *Sens musculaire* ou *kinesthétique* (voir plus loin, p. 75), parce que « ces deux sortes de facultés sensitives se confondent d'une manière si intime, qu'il est en partie impossible de séparer l'un de l'autre leurs centres cérébraux. » (Charlton Bastian, *Le cerveau, organe de la pensée*, t. II, p. 204.)

ment intellectuel. « On peut dire, écrit M. Rabier, que les sensations optiques, tactiles et acoustiques reviviscentes jouent le principal rôle dans toutes les opérations mentales. » Et M. Bain : « Si nous examinons les sensations de la vie organique, le goût et l'odorat, nous trouverons qu'elles sont d'une grande importance au point de vue émotionnel, c'est-à-dire en ce qui regarde le plaisir et la peine ; mais qu'elles fournissent un très petit nombre des formes et des images permanentes employées dans nos processus intellectuels. Celles-ci sont dues principalement au toucher, à l'ouïe et à la vue, que l'on peut par conséquent appeler les sens intellectuels par excellence[1]. »

Cependant, pour discerner et manier aisément ces différentes sensations ou leurs images, et aussi pour se représenter nettement les idées, résultat de leur union, l'esprit a besoin d'un signe qui est le *mot*. Le mot, en effet, en même temps qu'il désigne chaque image, est comme un lien ou un *noyau de cristallisation* réunissant les carac-

---

(1) Comparer H. Spencer, *Principes de psychologie*, trad. fr., t. I, p. 190 ; — Luys, *ouv. cité*, p. 202 à 216 ; — Taine, *ouv. cité*, t. II, livre II, chap. II.

tères épars de l'idée et leur donnant l'unité [1]. Par exemple, une eau *coulant visible à peine*, un *lit de fleurs*, des *bonds*, des *murmures* et des *buissons noirs de mûres*, voilà des images constituant l'idée de tel ruisseau distinct, qui a nom *la Voulzie* [2]. Sans ce nom les diverses images pourraient ne pas être rattachées entre elles et l'idée échapperait à l'esprit. Mais si le mot est déjà nécessaire pour conserver les idées concrètes, à plus forte raison est-il indispensable quand nous vou-

---

(1) « Le nom *rose*, dit James Mill, est la marque d'une sensation de couleur, d'une sensation de forme, d'une sensation de toucher et d'une sensation d'odeur, réunies toutes ensemble. Le nom *eau* est la marque d'une sensation de couleur, d'une sensation de toucher, d'une sensation de goût, et d'autres sensations encore ; non point envisagées séparément, mais considérées comme un tout composé. » Ce même psychologue ajoute : « Nous ne donnons pas seulement des noms à des groupes de sensations, mais à des groupes de groupes ; c'est-à-dire à un certain nombre de groupes plus petits réunis en un groupe plus grand. Ainsi nous donnons le nom de *bois* à un groupe particulier de sensations, celui de *toile* à un autre, celui de *cordage* à un autre. A ces groupes-là et à beaucoup d'autres réunis en un seul grand groupe nous donnons le nom de *navire*. A un certain nombre de ces grands groupes réunis en un seul, nous donnons le nom de *flotte ;* et ainsi de suite. Quel nombre considérable de groupes est réuni dans le terme *maison !* Et combien plus encore dans le terme *cité !* »

(2) Voir dans *Le Myosotis*, d'Hégésippe Moreau, le mélancolique petit poème de ce nom.

lons de celles-ci dégager des idées *abstraites* et *générales*. Fixant les qualités communes remarquées dans plusieurs individus, il nous permet par là même de former d'autres idées plus générales, d'où nous pourrons nous élever à de plus abstraites encore. Pour reprendre l'exemple que nous citions tout à l'heure, des idées de *la Voulzie* et de tels autres ruisseaux déterminés, l'esprit tire l'idée générale de *ruisseau*; de la considération de plusieurs ruisseaux, l'idée plus générale de *rivière*, et ainsi de suite, celles de *fleuve, mer, eau, matière, être* : sans le mot, un tel enveloppement d'idées serait tout à fait impossible.

Après avoir servi de la sorte à former les idées, le mot leur tient lieu de *substitut;* car souvent notre esprit le considère sans aller à la représentation du concept qui lui est associé : combien de fois quand nous parlons d'une personne, d'une maison, d'une ville, d'une campagne, n'en avons-nous pour ainsi dire dans l'esprit d'autre représentation que l'image verbale ou le mot ! A plus forte raison ce fait a-t-il lieu quand il s'agit d'une idée abstraite, générale : « La plupart de nos pensées, dit Leibniz, sont vides de perception et de sentiment, et consistent dans l'emploi tout nu des caractères, comme il arrive à ceux qui calculent en algèbre, sans envisager que de temps en temps les figures géométriques. »

On voit par ces considérations rapides toute l'importance des mots dans la vie intellectuelle. Or à leur acquisition et à leur conservation concourent les diverses sensations et images que nous avons reconnues être plus particulièrement représentatives, les sensations auditive, visuelle, tactile-musculaire. Prononce-t-on en effet plusieurs fois devant un enfant le mot *papa*, par exemple, l'impression est transmise au centre auditif de l'enfant, qui acquiert l'image *auditive* de ce mot. Lui-même, essayant ensuite de le prononcer, exécute des mouvements du larynx, de la bouche, de la langue et des lèvres, et il acquiert ainsi la mémoire *motrice d'articulation* du mot. Quand il apprend plus tard à le lire, l'image *visuelle* du mot s'ajoute aux précédentes, et lorsque enfin il s'exerce à l'écrire, les mouvements de la main et des doigts, qu'il exécute pour le copier, en créent à leur tour la mémoire *motrice graphique* [1].

_____

(1) Ces images constitutives du mot sont si distinctes l'une de l'autre qu'elles apparaissent successivement chez le même individu et que chacune d'elles (nous en verrons la preuve)

Ces images verbales s'associent entre elles et
avec les images constitutives de l'idée, en sorte
que la réapparition de l'une quelconque amène
celle des autres [1], les idées se rappellent [2] à leur

peut prendre en lui une puissance plus ou moins grande.
Autre marque de leur indépendance : certaines maladies
amènent la disparition de l'une de ces catégories d'images, en
laissant subsister toutes les autres et les idées auxquelles
elles ont été associées. Ainsi tel individu qui a complètement
perdu l'usage de la parole (aphasie motrice), écrit en bons
termes et d'une main assurée l'histoire détaillée de sa maladie ; tel autre qui a conservé la parole, qui lit l'écriture
cursive ou imprimée, est incapable d'écrire (agraphie) ; une
autre personne demeure capable de parler, de lire, d'écrire,
mais elle ne comprend plus les mots qu'elle entend prononc-
cer (surdité verbale) ; une autre écrit, parle et comprend les
mots, mais ne peut les lire (cécité verbale). — Consulter là-
dessus l'intéressant ouvrage de M. Gilbert Ballet : Le Langage
intérieur et les diverses formes de l'aphasie.

(1) Lorsque nous lisons par exemple le mot cloche, nous
réveillons les sensations auditives, visuelles, tactiles, que
nous a données autrefois la cloche, les sensations que nous
avons eues en entendant, en prononçant ou en écrivant le
mot, et nous avons en même temps la vision actuelle du
mot lui-même. Si le rappel de tous ces éléments est provoqué
par l'audition, la vision, la prononciation ou l'écriture du
mot, le langage est dit extérieur ; il est intérieur quand tous
ces éléments associés se présentent groupés autour de l'un
d'eux, évoqué par notre souvenir.

(2) Soit parce qu'elles ont été déjà contiguës, c'est-à-dire se
sont antérieurement présentées ensemble à l'esprit, ou tout
au moins l'une à la suite de l'autre : ainsi l'idée de Platon
réveille en nous celles de Socrate et d'Aristote, — l'idée de
Paris, celle de la Seine, — l'idée de Tartufe, celle de Molière,
— la vue des lieux historiques, le souvenir des événements

tour, les mots également [1] : d'où un vaste champ ouvert à l'activité mentale.

C'est en effet sur ces éléments réunis que l'esprit s'exerce, c'est à les élaborer qu'il s'applique, pour en tirer la science et l'art. M. Rabier l'a supérieurement exprimé : « L'intelligence, dit-il,

qui s'y sont accomplis, ou des personnages illustres qui y ont vécu ; soit parce qu'il existe entre elles une certaine *ressemblance* (ce n'est d'ailleurs qu'un cas particulier de la loi précédente) : Tibère fait penser à Néron, un portrait à l'original, une œuvre nouvelle à d'autres analogues.

(1) Le commencement d'une phrase ou d'un vers appris par cœur en ramène automatiquement la suite. — Plus spécialement, tantôt la première syllabe d'un mot, et tantôt la dernière suggèrent d'autres mots où elles se rencontrent (consulter Paulhan, *Physiologie de l'esprit*, p. 120-123) : « Un matin, dit M. Maury, je me rappelai que j'avais eu un rêve qui avait commencé par un pèlerinage à Jérusalem ou à la Mecque ; je ne sais pas au juste si j'étais alors chrétien ou musulman. A la suite d'une foule d'aventures que j'ai oubliées, je me trouvai, rue Jacob, chez M. Pelletier, le chimiste, et dans une conversation que j'eus avec lui il me donna une pelle de zinc... Voilà trois idées, trois scènes principales qui sont visiblement liées entre elles par les mots *pèlerinage*, *Pelletier*, *pelle*, c'est-à-dire par trois mots qui commencent de même et s'étaient évidemment associés par l'assonance. » (*Le sommeil et les rêves*). — Voir *ibid.*, p. 116, un exemple de même sorte où l'enchaînement des idées est produit par les mots « *kilomètre, kilo, gilolo* (île), *lobélia* (fleur), *Lopez* (général), *lolo* ». — Quelquefois une seule lettre suffit à effectuer la suggestion : « Désirant nommer mon ami le docteur Bastian, rapporte Lewes, je dis le docteur Brinton ; je me repris immédiatement en disant le docteur Bridges ; je me repris encore pour prononcer enfin le docteur Bastian. Je ne

est comme l'art, elle travaille sur une matière qu'elle ne crée pas; comme l'art, elle présuppose la nature. *C'est la nature qui nous inspire toutes nos idées; c'est ensuite l'intelligence qui les compare, les analyse et en saisit les rapports.* Directement, l'intelligence, au sens étroit du mot (c'est-à-dire la réflexion, la raison), est incapable de suggérer une idée, une seule. Nous ne dirons pas sans doute avec un philosophe allemand que « l'intelligence ne fait que recevoir les fruits mûrs que la nature lui jette sur les genoux » ; car ce serait nier le rôle de l'intelligence *qui est immense;* mais on peut dire du moins qu'elle se borne à faire fructifier les semences qu'elle lui fournit... Le génie lui-même, pour se mettre à l'œuvre, ne peut qu'attendre le bon vouloir de son organisme; et voilà pourquoi l'esprit le plus original et le plus libre est, comme l'a dit Pascal, à la merci de l'accident le plus vulgaire : une circulation un peu plus lente, un rhume de cerveau

---

faisais aucune confusion quant aux personnes. Mais l'élément commun aux trois noms, à savoir *la lettre B*, avait suffi à les rappeler tous les trois. » On remarquera par ces deux derniers cas que, bien qu'il n'y ait aucun rapport mental entre deux idées, l'une peut éveiller l'autre, en raison de la corrélation des formes verbales qui les expriment.

2.

réduisent à l'inaction les facultés d'un Newton ou d'un Leibniz [1]. »

(1) Pour saisir toute la justesse de ces dernières lignes, il faut se reporter aux conditions physiologiques probables de la mémoire et de l'association des faits de conscience, qui n'en est du reste que la loi la plus générale.

On sait que le cerveau est composé de cellules nerveuses à prolongements étoilés, et la sensation (pour nous en tenir à ce phénomène élémentaire) paraît due à l'ébranlement que produit en l'une d'elles le mouvement transmis par les nerfs sensitifs. Or ce mouvement physiologique ne disparaît pas entièrement avec l'excitation qui l'a causé ; *il laisse son empreinte sur le cerveau* en cette façon que lui ayant fait subir une modification déterminée, il crée en lui une aptitude à être ensuite modifié plus aisément dans le même sens ; il lui donne une certaine *habitude* qui rend facile, *sous l'influence d'une faible excitation nouvelle,* la reproduction d'un mouvement analogue au premier et par conséquent d'une image semblable. Ainsi s'expliquerait la mémoire. — Maintenant une fois que le souvenir ou image de la sensation a reparu de la sorte, il réveille à sa suite, avons-nous dit au début de ce chapitre, tous les états de conscience qui s'étaient primitivement trouvés associés avec la sensation remémorée ; c'est qu'ici encore il y a eu une habitude engendrée, par l'association cette fois, et cette habitude favorise la transmission physiologique des mouvements cérébraux. En effet, deux cellules s'étant une fois unies, le mouvement nerveux s'est propagé de l'une à l'autre ; mais dès lors il aura pour l'avenir plus de facilité à se propager encore de même, *suivant la ligne de moindre résistance* (Spencer); aussi, dès que sous l'influence d'une nouvelle excitation sensorielle, il aura passé du nerf sensitif dans la première des deux cellules, se transmettra-t-il immédiatement à la seconde et ainsi de suite.

On comprend par là que *tout ce qui pourra favoriser la conservation et la restauration de ces mouvements cellulaires*

D'où résulte dans ces conditions la diversité des esprits? Evidemment de la façon différente dont en eux sont emmagasinés et restaurés tels ou tels des éléments que fournit l'expérience. Nous allons étudier ce point.

et de leurs combinaisons facilitera singulièrement la mémoire (tels, un bon état général de l'organisme, une atmosphère saine, une alimentation suffisante, une circulation active, l'usage modéré d'excitants du système nerveux, comme le café, etc., etc.); *que tout ce qui gênera cette même restauration empêchera la mémoire* (ainsi l'anémie, l'abus des boissons alcooliques, la respiration d'un air impur, la privation de nourriture, la fatigue, la maladie, etc.) et *du même coup paralysera en quelque sorte l'intelligence qui ne peut exister sans elle* : « Sans mémoire, dit le docteur Ch. Richet (*Essai de psychologie générale*, p. 156), il n'y a rien dans l'intelligence, ni imagination, ni jugement, ni langage, ni conscience. C'est la clef de voûte de l'édifice intellectuel. »

CHAPITRE III

VARIÉTÉ DES IMAGINATIONS
SES CAUSES ET SES CONSÉQUENCES

Variété des imaginations ou des mémoires. — Elle provient de l'aptitude de chacun à percevoir plus spécialement un ordre de sensations. — Cette aptitude s'explique par la différence de constitution cérébrale, laquelle paraît en dernière ligne due à l'hérédité. — Connexité du développement des images verbales et de celui des autres images. — Les images et la pensée. — *L'équilibre des diverses espèces d'images ou la prédominance de l'une d'entre elles, cause de la diversité des esprits.* — D'où l'existence de plusieurs variétés d'individus, de *plusieurs types sensoriels :* visuel, auditif, moteur, normal ou moyen.

Il n'est assurément personne qui n'ait remarqué la façon multiple dont se comporte la mémoire chez les enfants : alors que celui-ci retient surtout les faits ou les lieux, celui-là les chiffres ou les dates, l'un se rappellera plutôt les mots ou les idées, l'autre, les couleurs, les sons ou les mouvements. Cette variété dans la conservation des souvenirs n'est au fond qu'un cas particulier de *l'inégalité des genres d'images*, et celle-ci provient elle-même de *l'aptitude de chacun à percevoir plus particulièrement un ordre de sensations* [1].

En sorte que « celui qui est bien doué pour la perception des qualités sensibles, qui a le sens des couleurs, des sons, des saveurs, garde le souvenir de ces qualités. Celui qui conçoit nettement les notions scientifiques [2] qui représentent la nature au moyen d'abstractions et de symboles, conserve mieux qu'un autre le souvenir des notions de ce genre et les a, au besoin, à sa disposition. — Il est rare que le même esprit soit à la fois bien doué pour la perception et la mémoire

(1) C'est là une conséquence de ce que nous avons dit au sujet du siège commun de la sensation et de l'image, car il est clair que plus le centre cérébral est propre à recevoir une impression, plus il l'est aussi à la conserver et à faire renaître l'image correspondante.

(2) La conception des idées abstraites n'est encore, il est vrai, rattachée immédiatement à aucun organe ; « le siège de leur reproduction n'a pu être localisé jusqu'ici d'une manière précise. Mais, *comme elles résultent sans aucun doute d'une association ou d'une dissociation des états primitifs*, nous n'avons aucune raison de supposer que, en ce qui les concerne, les choses se passent différemment ». (Ribot.)

des qualités sensibles, et pour la perception et la mémoire des notions abstraites et scientifiques. — Il est même rare qu'on soit également bien doué pour les perceptions des divers sens. Que de musiciens n'entendent rien à la peinture, et réciproquement! — La spécialisation va plus loin encore. On a rarement au même degré le sens des formes et le sens des couleurs. Dans la perception visuelle des objets, les uns sont plus frappés par le contour, les autres par la couleur. Les premiers voient les objets comme des dessins, les autres comme des taches; ceux-là font les peintres dessinateurs, ceux-ci les peintres coloristes. — Ajoutons que la *concentration de l'esprit* sur un objet est aussi une condition essentielle de la mémoire, que rien n'est plus propre à produire cette concentration que le sentiment, le *goût* pour certains objets, le *plaisir* qu'on y trouve, et que ce goût et ce plaisir dépendent eux-mêmes en grande partie de l'*aptitude de l'esprit ou des sens à percevoir ces objets avec facilité et netteté* [1]. »

(1) Rabier, *ouvrage cité*, p. 223, note. — « Les imaginations, remarque M. Fonsegrive (*Psychologie*), varient d'après l'acuité et la finesse des sens. Les gens qui ont la vue très fine, très

Or, une telle diversité d'aptitudes dans la perception a sa cause dans un *développement inégal des régions du cerveau* affectées à la réception des différentes catégories d'impressions sensorielles. « C'est ainsi que tel, dont les régions cérébrales optiques sont abondamment pourvues de cellules nerveuses bien douées, bien vivantes, sera apte à apercevoir nettement le monde extérieur, les objets ambiants, avec leur coloration, leurs rapports ; — que tel autre aura telle ou telle aptitude suivant la prépondérance de telle ou telle région de son cerveau ; et qu'ainsi les impressions sensorielles spéciales, trouvant dans telle ou telle circonscription des conditions de terroir plus favorables, des agglomérations de cellules plus denses, plus vivantes, y laisseront des traces plus profondes, des souvenirs plus éclatants, et, par cela même, des réserves plus riches de matériaux destinés à féconder l'activité psycho-intellectuelle dans telle ou telle direction[1]. » (Luys.)

délicate, se représentent plutôt les aspects visibles des choses ; ceux qui ont l'ouïe plus développée se représentent plutôt les images sonores, etc. *Ces diversités naturelles dans les imaginations sont de très grande importance pour la connaissance du caractère et des aptitudes de l'enfant.* •

(1) Comparer l'explication que donne de ces *mémoires*

Que si l'on se demande enfin d'où viennent ces différences organiques dans la constitution cérébrale, la raison en paraît due à l'*hérédité*[1]. « L'hérédité, dit M. Ribot, régit les proportions du système nerveux. Elle est manifeste dans les dimensions générales du cerveau, son principal organe ; elle est même très souvent sensible dans le volume et jusque dans la forme des circonvolutions[2]. » Il est en effet constant qu'indépendamment de la figure générale du corps, l'hérédité se manifeste dans de minimes particularités de *structure externe*, telles que le nez, la lèvre, les ongles, le poil ; on peut de là légitimement induire qu'elle reproduit de même les détails de la *structure interne*. Ainsi Helmholtz a montré que le manque d'oreille musicale et l'incapacité de reconnaître une gamme proviennent d'anomalies des nerfs du limaçon ; une constitution très appropriée de cette même partie de l'organisme doit donc, en même temps qu'elle engendre sans

partielles, M. Ribot, *Maladies de la mémoire*, p. 107 à 112. — Voir aussi E. Véron, *ouv. cité*, p. 70, 71, 379.

(1) Sur la raison de l'hérédité elle-même, voir plus loin, p. 135.

(2) « Nous héritons de circonvolutions prêtes à reprendre à certaines époques de la vie le même genre d'activité qu'elles ont été appelées à remplir chez les ancêtres. » (Maudsley, *Physiologie de l'esprit*.)

doute l'aptitude à la musique, se transmettre
héréditairement. La famille de Bach en serait une
preuve frappante. « Dans cette famille (1550-
1800), on trouve 29 musiciens éminents, et Fétis
en mentionne 57 dans son *Dictionnaire biogra-
phique.* » — Quelque important d'ailleurs que
soit ce point, il n'y a pas lieu d'y insister ici [1].

La même diversité que nous constatons dans
la conservation des images se montre dans la
façon dont chacun retient les noms, parce que,
selon la prépondérance dans un esprit de tel ou
tel genre d'images, le mot naturellement s'y
présente de son côté presque toujours et exclusivement revêtu de la même forme d'images,
visuelle, auditive ou motrice.

*Cette aptitude à percevoir plus spécialement
un ordre de sensations* et par suite à en garder le
souvenir *crée la variété des esprits* [2].

(1) Pour une étude approfondie de cette question, voir le
savant ouvrage de M. Ribot : *L'hérédité psychologique.*

(2) « La nature donne à chacun de nous des sens et une
intelligence ouverts et perméables à certaines impressions,
fermés à certaines autres. On sait que les objets frappés par
la lumière retiennent et absorbent certains rayons et ren-
voient les autres; d'où résulte la différence de coloration des
objets. De même nos sens et notre intelligence absorbent et
s'assimilent une partie des rayons que le monde nous envoie

Les images sensibles en effet se mêlent à toutes nos pensées, ou plus exactement, comme le remarquait Aristote, *nous ne pensons pas sans image.* L'idée la plus abstraite même et la plus immatérielle s'incarne dans le mot qui est déjà une forme sensible. « Quand je pense, dit M. Taine, à un objet particulier, le Louvre par exemple, il y a en moi quelque image de la sensation visuelle que j'aurais en sa présence. — Quand je pense à un objet général, l'arbre ou l'animal, il y a en moi quelque débris plus ou moins vague d'une image analogue, et en tout cas l'image de son nom, c'est-à-dire des sensations visuelles, auditives, musculaires, que ce nom exciterait en moi, si je le lisais, si je le prononçais, ou si je l'entendais. — Partant, dans toutes les opérations supérieures que nous faisons au moyen de noms abstraits, jugements, raisonnements, abstractions, généralisations,

et sont réfractaires à tout le reste ; d'où résulte le caractère particulier de l'esprit de chacun. » (Rabier.) — Gratiolet a écrit de même (*Anat. comparée*) : « A chaque sens correspond une mémoire qui lui est corrélative, et l'intelligence a, comme le corps, *ses tempéraments* qui résultent de la *prédominance de tel ou tel ordre de sensations dans les habitudes de l'esprit.* »

combinaisons d'idées, il y a des images plus ou
moins effacées ou plus ou moins nettes [1]. »

De là suit une conséquence importante. L'équilibre des divers genres d'images ou bien la prédominance très accentuée de l'un d'entre eux,
mettant à notre disposition pour imaginer, juger
et raisonner tout l'ensemble ou, au contraire,
une catégorie presque exclusive des souvenirs, il
en résulte que chez une personne plus particulièrement douée par exemple pour les sensations
optiques et peu sensible en même temps à toutes
les autres impressions, ce ne sera pas la mémoire
seule qui sera visuelle, mais encore l'imagination
active, le jugement, le raisonnement et le langage
intérieur. Partant, il est possible de distinguer,
d'après l'importance et le rôle des diverses sortes
d'images dans les habitudes de l'esprit, quatre
variétés d'individus, *quatre types principaux* [2] :

---

(1) *Ouv. cité*, t. II, p. 23.

(2) Cette distinction, dont l'idée première appartient à
M. le professeur *Charcot*, est entrée déjà dans la psychologie
classique : « La physiologie des organes des sens, dit M. Worms
(*Précis de philosophie*), distingue trois tempéraments principaux : le tempérament visuel, le tempérament auditif et le
tempérament moteur. Pour les visuels, toute idée se traduit
en une image figurée; les auditifs ont dans l'oreille le son
des mots correspondant à toute pensée qu'ils forment; les

les types *normal* ou moyen, *visuel*, *auditif* et *moteur*.

Nous réservons pour un chapitre ultérieur l'étude du type moyen, et nous allons analyser successivement les autres, en commençant par un type assez répandu, semblé-t-il, le type visuel.

moteurs, inconsciemment, miment ou prononcent tout ce qu'ils pensent. Ces sortes de tempéraments ont, en psychologie, une importance considérable, *parce qu'ils touchent de près à la formation et à l'expression des idées.* »

CHAPITRE IV

LE TYPE VISUEL

Le type visuel. — Ses caractères. — La *mémoire* du visuel : cas du peintre anglais cité par Wigan ; — Horace Vernet ; — Gustave Doré ; — Claude Lorrain; — Bamboche ; — Henri Regnault ; — George Sand ; — Alexandre Dumas. — Honoré de Balzac. — L'*imagination active* du visuel : Raphaël; — Michel-Ange ; — John Martin; — H. de Balzac ; — Dickens ; — Talma. — Le *raisonnement* du visuel : mathématiciens précoces : Zérah Colburn ; — cas des joueurs d'échecs qui jouent les yeux fermés. — Le *langage intérieur* du visuel : cas d'un acteur anglais : cas de quelques orateurs : Hérault de Séchelles ; — Charma ; — M. Ch. Richet. — Le visuel pur : cas d'un malade observé par M. Charcot. — Moyen objectif de reconnaître le visuel.

Il n'est personne, sauf dans quelques cas morbides, qui ne soit capable de conserver dans sa mémoire les représentations visuelles, pendant une durée plus ou moins longue, et avec une intensité plus ou moins variable. Sans cela, comme l'observe justement M. G. Ballet, il nous serait impossible de nous rappeler le visage de nos parents[1], la disposition des maisons dans une rue, etc. Même, sous ce rapport, notre nation semble assez bien douée : le psychologue anglais Galton en donne pour preuve le talent des Français à organiser les cérémonies et les fêtes, leur aptitude pour la stratégie, la clarté de leur langage. N'employons-nous pas, du reste, à chaque instant, dans nos conversations et dans nos récits, des expressions comme celles-ci : *imaginez-vous, figurez-vous, envisagez, c'est clair, c'est évident, cela saute aux yeux*, etc. ?

Mais le type dont nous allons nous occuper est plus nettement caractérisé : d'abord, chez ceux qui y appartiennent, *les images visuelles revêtent souvent une intensité égale à la sensation*, tandis que les représentations d'ordre différent sont extrêmement affaiblies ; — ensuite, dans l'exercice des opérations mentales, *ces mêmes*

---

(1) Cet oubli se produit quelquefois. Louyer Villermay (*Dict. des Sc. médicales*, art. *Mémoire*, — cité par M. Ribot), en donne un exemple assez piquant : « Un vieillard, étant avec sa femme, s'imaginait être chez une dame à qui il consacrait autrefois toutes ses soirées, et il lui répétait constamment : « Madame, « je ne puis rester plus longtemps ; il faut que je revienne « près de ma femme et de mes enfants. » — Comparer le cas que nous rapportons plus loin, p. 109, note 1.

images leur servent presque exclusivement : songent-ils, par exemple, à une personne absente ?
ils voient sa figure, mais n'entendent pas le son
de sa voix ; veulent-ils apprendre par cœur une
page d'un livre? ils s'en gravent dans l'esprit les
caractères et la lisent en quelque sorte quand ils
se la rappellent ; ou·s'il s'agit d'un morceau de
musique, ils en voient les notes comme écrites
sur la partition.

Ces cas ne sont pas rares. Nous en transcrirons
ici plusieurs, variés et concluants, qui feront ressortir avec clarté et bien pénétrer la vraie nature
et le genre d'esprit du visuel, en nous montrant
comment se comportent ses diverses facultés.

Le fait le plus frappant est l'extraordinaire
mémoire visuelle dont jouissent parfois les individus de ce type[1]. Le docteur Wigan en a rapporté un exemple fameux. Grâce à sa puissance
de lucidité, certain peintre anglais n'avait besoin
que d'une séance pour peindre un portrait.
« Lorsqu'un modèle se présentait, déclara-t-il à
Wigan, je le regardais attentivement pendant une

(1) Lewes cite un homme qui, « après avoir parcouru une
rue longue d'un demi-mille (800 mètres), pouvait énumérer
toutes les boutiques dans leur position relative ».

3.

demi-heure, esquissant de temps en temps ses
traits sur la toile, je n'avais pas besoin d'une plus
longue séance. J'enlevais la toile et je passais à
une autre personne. Lorsque je voulais continuer
le premier portrait, *je prenais l'homme dans mon
esprit, je le mettais sur la chaise où je l'apercevais
aussi distinctement que s'il y eût été en réalité;*
et je puis même ajouter avec des formes et des
couleurs plus arrêtées et plus vives. Je regardais
de temps à autre la figure imaginaire, et je me
mettais à peindre ; je suspendais mon travail
pour examiner la pose, absolument comme si
l'original eût été devant moi ; toutes les fois que
je jetais les yeux sur la chaise, *je voyais
l'homme* [1]. » — Horace Vernet et Gustave Doré
possédaient, paraît-il, cette même faculté de
reproduire un portrait de mémoire. « Abercrombie
cite un peintre qui, de souvenir et sans l'aide d'aucune gravure, copia un *Martyre de saint Pierre*,
par Rubens, avec une imitation si parfaite que,
les deux tableaux étant placés l'un près de l'autre,
il fallait quelque attention pour distinguer la
copie de l'original. » (Taine.) — « Claude Lorrain

(1) Cité par M. Brierre de Boismont, *ouv. cité.* — Voir *ibid.*,
p. 451-452, le cas analogue du sculpteur Dantan (1800-1869).

passait des journées entières dans la campagne de Rome, *sans peindre, sans dessiner d'après nature.* Seulement, il respirait cet air, il s'imprégnait de cette chaude lumière. Avec une sagacité exquise, il en observait, il en suivait les dégradations, surtout le matin ou vers le déclin du jour. Rentré dans son atelier, il retraçait, *de souvenir*, ces impressions de la nature qui s'étaient déposées en lui [1]. » — Le peintre hollandais Bamboche procédait de même, et pourtant, « quoiqu'il peignît peu d'après nature, dit M. Alf. Michiels, ses fonds, ses personnages et ses animaux sont d'une vérité extraordinaire ».

Avec quel éclat cette faculté de représentation mentale n'est-elle pas dépeinte « dans ces lignes d'un jeune peintre, mort depuis en soldat, et qui, des rives de l'Afrique, écrivait : « Je crois, Dieu me pardonne, que le soleil qui nous éclaire n'est pas le même que le nôtre ; et je vois de loin, avec terreur, le moment où il faudra recontempler en Europe l'aspect lugubre des maisons et des foules... Mais, avant d'y rentrer, je veux faire revivre les vrais Maures, riches et grands, terribles et voluptueux à la fois... Puis Tunis,

---

(1) Alfred Dumesnil, *La foi nouvelle cherchée dans l'art.*

puis l'Egypte, puis l'Inde !... Je monterai d'enthousiasme en enthousiasme : je m'enivrerai de merveilles jusqu'à ce que, complètement halluciné, je puisse retomber dans notre monde morne et banal, *sans craindre que mes yeux perdent la lumière qu'ils auront bue pendant deux ou trois ans.* Quand, de retour à Paris, *je voudrai voir clair, je n'aurai qu'à fermer les yeux ;* et alors Mauresques, Fellahs, Hindous, colosses de granit, éléphants de marbre blanc, palais enchantés, plaines d'or, lacs de lapis, villes de diamant, *tout l'Orient m'apparaîtra de nouveau.* Oh ! quelle ivresse ! la lumière !... [1] »

(1) *Correspondance de M. Henri Regnault,* par P. Clairin, p. 341. (Rapporté par M. Joly, *ouv. cité,* p. 3-4.) — On lit dans la *Vie* du voyageur danois *Carstens Niebuhr* (mort en 1815), écrite par son fils *Georges,* auteur d'une savante *Histoire romaine* que son père, vieux, *aveugle,* tellement infirme qu'on était obligé de le transporter de son lit à son fauteuil, avait l'habitude de décrire à ses amis, avec une exactitude et une vivacité merveilleuses, les sites qu'il avait visités dans sa jeunesse. Exprimaient-ils leur étonnement de ces descriptions si animées, il leur disait que lorsqu'il était *couché* dans son lit, isolé des impressions extérieures, les tableaux qu'il avait vus en Arabie passaient et repassaient sans cesse devant l'œil de son esprit, de sorte qu'il n'était pas étonnant qu'il en parlât, comme s'il les avait contemplés la veille. La teinte foncée des nuits de l'Asie avec leurs phalanges d'étoiles brillantes et étincelantes, la magnifique voûte azurée des jours se réfléchissaient en lui dans tout l'éclat de leurs couleurs. — (Cité par Abercrombie, *Inquiries concerning the intellectual powers.*)

« Ce phénomène de vision rétrospective »,
comme l'appelle George Sand (*Les Charmettes*)
n'est point particulier aux peintres : « Nous pouvons presque nous vanter, dit cette femme illustre,
d'emporter avec nous un site que nous traver-
sons, où nos pas ne nous ramèneront jamais,
mais qui nous plaît et dont nous avons résolu de
ne jamais nous dessaisir. Si nous ramassons là
une fleur, un caillou, un brin de toison pr s au
buisson du chemin, cet objet insignifiant aura la
magie d'évoquer le tableau qui nous a charmés...
Je n'ai jamais regardé certaines mousses dans
mon herbier sans me retrouver sous les yeuses
de Frascati. Une petite pierre me fait revoir toute
la montagne d'où je l'ai rapportée, et la *revoir
avec ses moindres détails* du haut en bas. L'odeur
du liseron-vrille fait apparaître devant moi un
terrible paysage d'Espagne, dont je ne sais ni le
nom ni l'emplacement, mais où j'ai passé avec
ma mère à l'âge de quatre ans. » — Parlant
d'Alexandre Dumas père, Mme de Girardin (*Lettres
parisiennes*) écrivait en 1847 : « Il a gardé dans
ses yeux toutes les images que sa prunelle a
réfléchies. » — « Honoré de Balzac, dit Th. Gautier, non seulement se rappelait les objets à vo-

lonté, mais encore *il les revoyait en lui-même éclairés et colorés comme ils l'étaient au moment où il les avait aperçus.* »

On comprend qu'avec une telle organisation de la mémoire visuelle, l'*imagination active* puisse atteindre, chez ceux qui en sont doués, un degré étonnant de puissance. Quelle richesse de matériaux, en effet, propres à émouvoir en eux la sensibilité et à provoquer l'inspiration !

C'est pourquoi « les poètes, les peintres, les sculpteurs que le génie a effleurés de son aile, ont aperçu devant eux, après des méditations prolongées, la forme de l'idéal qu'ils avaient rêvé. Leur histoire atteste que cette forme était visible *aux yeux de leur esprit*, pour nous servir de l'expression si pittoresque de Shakespeare ». Ainsi « Raphaël voyait devant lui, suivant un passage d'Abercrombie, le tableau de la *Transfiguration* au moment de le peindre. Dans une de ses lettres à son ami Castiglione, il dit que l'impossibilité de trouver des modèles qui pussent poser pour des madones, le forçait à prendre dans son esprit le type de ses créations. Nous avons lu quelque part que Michel-Ange restait des journées entières à regarder dans les airs, où il voyait se refléter

l'image de sa gigantesque coupole [1]. » « Le
célèbre peintre anglais Martin voyait, dit-on, à
l'avance, et par suite d'une véritable hallucination, les tableaux dont il n'avait encore que
médité le plan et la composition. On rapporte
qu'un jour une personne se trouvant placée entre
lui et le point où se dessinait sa vision, il pria
cette personne de se déranger, parce qu'elle lui
cachait une partie du tableau qu'il reproduisait. »

(1) Ferriet, *Les Hommes illustres de l'Italie*, cité par M. Brierre
de Boismont. — Comparer *ibid.*, p. 605 : « Raphaël, faisant allu-
sion à son célèbre tableau de la *Transfiguration*, dit que, pendant qu'il le peignait, on aurait pu le prendre pour un menia-
que enthousiaste ; il s'oubliait lui-même et croyait voir la scène
se passer sous ses yeux. » — Au temps où vivait ce grand
artiste, s'il faut en croire M. Taine, « l'esprit humain était
mieux équilibré que dans cette Europe et ce Paris où nous
vivons. Du moins il était mieux équilibré pour la peinture...
Les *images* n'y étaient pas étouffées ni mutilées par les *idées* ».
Aujourd'hui « nous ne faisons qu'entrevoir par fragments
les formes colorées ; elles ne persistent pas en nous ; elles
s'ébauchent vaguement sur la toile intérieure, elles s'enfuient
aussitôt. Si nous parvenons à les retenir et à les préciser,
c'est par la volonté, après un long exercice, après une contre-
éducation qui violente notre éducation ordinaire ; ce terrible
effort aboutit à la souffrance et à la fièvre ; nos plus grands
coloristes, littérateurs ou peintres, sont des visionnaires sur-
menés ou détraqués (Henri Heine, Victor Hugo, Shelley, Keats,
Elisabeth Browning, Edgar Poë, Balzac, Delacroix, Decamps
et quantité d'autres). Au contraire, les artistes de la Renaissance sont des voyants ». (Voir Taine, *Philosophie de l'art*,
t. I, p. 163 et suiv.)

(Baillarger.) — A propos du même romancier dont nous avons constaté avec Th. Gautier l'intense mémoire visuelle, M. Taine écrit : « Il s'enivre de son œuvre, il en comble son imagination, il est hanté de ses personnages, il en est obsédé, *il en a la vision*, ils agissent et souffrent en lui, *si présents*, si puissants, que désormais ils se développent d'eux-mêmes avec l'indépendance et la nécessité des êtres réels. Réveillé, il reste à demi plongé dans son rêve. » — Pareillement, « les héros de Dickens, comme chacun sait, lui faisaient l'effet, sur le moment même, de personnages réels, et, quand il avait terminé son roman, leurs figures et leurs exploits le hantaient encore [1] ». (James Sully.)

Enfin, bien que d'espèce très différente, le cas suivant n'est pas moins significatif : Talma, entrant en scène, « avait le pouvoir, par la force de sa volonté, de faire disparaître les vêtements de son brillant et nombreux auditoire, et de substituer à ces personnages vivants autant de squelettes. Lorsque son imagination avait ainsi rempli la salle de ces singuliers spectateurs, l'émotion

(1) Comparer Taine : *Histoire de la littérature anglaise*, livre V, ch. I.

qu'il en éprouvait donnait à son jeu une telle
force qu'il en résultait souvent les effets les plus
saisissants ». (Brierre de Boismont.)

Chez les personnes du type qui nous occupe,
l'intelligence proprement dite, la pensée est ali-
mentée par les mêmes images. Leur *raisonnement*
est visuel. « Les enfants que l'on habitue à cal-
culer de tête écrivent mentalement à la craie, sur
un tableau imaginaire, les chiffres indiqués, puis
toutes leurs opérations partielles, puis la somme
finale, en sorte qu'au fur et à mesure ils revoient
intérieurement les diverses lignes de figures
blanches qu'ils viennent de tracer. Le jeune
Colburn, qui n'avait jamais été à l'école et ne
savait ni écrire ni lire, disait que pour faire ses
calculs *il les voyait clairement devant lui*. — Un
autre déclarait qu'*il voyait les nombres sur lesquels il opérait comme s'ils eussent été écrits sur
une ardoise.* — Pareillement, on rencontre des
joueurs d'échecs qui, les yeux fermés, la tête
tournée contre le mur, conduisent une partie.....
Il est clair qu'à chaque coup la figure de l'échi-
quier tout entier, avec l'ordonnance des diverses
pièces, leur est présente comme dans un miroir
intérieur ; sans quoi ils ne pourraient prévoir les

suites du coup qu'ils viennent de subir et du coup qu'ils vont commander[1]. » Deux amis qui avaient cette faculté faisaient souvent ensemble des parties d'échec mentales, en se promenant sur les quais et dans les rues. Un Anglais, Paul Morphy, jouait même huit parties à la fois ; un autre, Paulsens, jusqu'à vingt. — Galton rapporte qu'une personne de sa connaissance se sert habituellement, pour compter, d'une règle à calcul imaginaire dont elle lit mentalement la partie qui lui est nécessaire pour chaque opération.

Il ressort de ce qui précède que, dans le *langage intérieur* des mêmes personnes, ce sont les images visuelles des mots (*écriture intérieure*) qui ont la prédominance, reléguant à l'arrière-plan les représentations auditives et motrices. « Quelques personnes, dit Galton, voient mentalement comme imprimé chaque mot qu'elles prononcent. Et, en parlant, *elles lisent les mots comme s'ils étaient imprimés* sur une de ces longues bandes de papier dont on se sert dans la transmission des dépêches télégraphiques. » — « Toutes mes représentations de mots sont surtout visuelles, écrit M. Montchal, bibliothécaire de la

(1) Taine, *De l'intelligence*, p. 80 et suiv.

société de lecture de Genève, dans une lettre citée par M. Paulhan. Pour retenir un mot que j'entends pour la première fois, il me faut lui donner tout de suite une orthographe; de même quand j'écoute une conversation qui m'intéresse, il m'arrive souvent de me représenter au fur et à mesure la conversation écrite[1]. » — Un de mes amis m'assure qu'il ne lui sert de rien, pour retenir un nom nouveau, un nom propre, par exemple, de l'entendre prononcer; il lui est indispensable de le voir écrit. Au lycée, quelque attention qu'il prêtât à une leçon de littérature ou d'histoire, il n'en retirait guère de profit; une demi-heure de travail à l'étude, sur un livre ou un cahier, lui était d'un bien plus grand avantage. — « J'ai connu, dit Abercrombie, un acteur distingué qui, appelé à remplacer un de ses confrères malade, dut apprendre en peu d'heures un rôle long et difficile. Il l'apprit très vite et le joua avec une parfaite exactitude. Mais, immédiatement après la pièce, il l'oubliait, à tel point qu'ayant eu à jouer le rôle plusieurs jours de suite, il était obligé chaque fois de le préparer à nouveau,

(1) Voir Paulhan : *Le langage intérieur et la pensée*, dans la *Revue philosophique*, n° 1, 1886, p. 20.

n'ayant pas, disait-il, le temps de l'étudier.
Interrogé sur le procédé mental par lui suivi,
quand il joua son rôle pour la première fois, il
me répondit qu'il avait complètement perdu de
vue le public, qu'*il lui semblait n'avoir devant les
yeux que les pages de son livre* et que, si quoi
que ce soit avait interrompu cette illusion, il se
serait arrêté instantanément. » De même, « beaucoup d'orateurs ont leur manuscrit placé devant
leurs yeux, quand ils parlent en public. Un
homme d'Etat assurait que ses hésitations de
parole à la tribune provenaient de ce qu'il était
tracassé par l'image de son manuscrit portant des
ratures et des corrections ». (Binet.) — Le
célèbre orateur Hérault de Séchelles était un visuel
à en juger par ce passage de ses œuvres : « Ecrire,
dit-il, la mémoire se rappelle mieux ce qu'elle a
vu par écrit. *S'en faire comme un tableau dans
lequel on lise au moment où l'on parle.* — J'ai
observé que la mémoire, du moins pour moi,
tenait surtout à la place où j'avais vu une chose.
Avais-je un souvenir confus de je ne sais quoi ?
Peu à peu je reportais mon esprit à la place, et
la place me rendait l'idée que j'y avais eue. » —
Qui ne reconnaîtrait encore le visuel dans ces

paroles de Charma (*Essai sur le langage*) : « Nous pensons notre écriture comme nous écrivons notre pensée », — dans l'expérimentation que propose ce psychologue sur le nom de *Socrate :* « Essayez de le penser sans vous figurer les caractères », — et aussi dans ces lignes de M. Ch. Richet (ouv. cité, p. 166) : « Quand je pense au Progrès, je vois le mot *Progrès*, imprimé typographiquement avec un grand P, un accent grave à la fin du mot ? »

Tels sont, en somme, les caractères qui distinguent le type visuel. — Ils apparaissent réunis dans le cas suivant d'un malade observé par M. Charcot et dont M. Bernard (*Progrès médical,* 21 juillet 1883) a rapporté l'histoire : « La mémoire chez lui était surtout une *mémoire visuelle.* La *vision mentale* lui donnait au premier appel la représentation des traits des personnes, la forme et la couleur des choses avec autant de netteté, assure-t-il, et d'intensité que la réalité même. — Recherchait-il un fait, un chiffre relaté dans sa correspondance volumineuse et faite en plusieurs langues ? Il les retrouvait aussitôt dans les lettres elles-mêmes qui lui apparaissaient dans leur teneur exacte, avec les moindres détails,

irrégularités et ratures de leur rédaction. — Réc
tait-il une leçon alors qu'il était au collège ? U
morceau d'un auteur favori plus tard ? Deux o
trois lectures avaient fixé dans sa mémoire]
page avec ses lignes et ses lettres et il récitait c
lisant mentalement le passage voulu qui, au pre
mier appel, se présentait à lui avec une grand
netteté. — Pour faire une addition, M. X.
n'avait qu'à parcourir les diverses colonnes d
chiffres étalées devant lui, fussent celles d'u
grand livre, et il alignait le total sans hésitatior
tout d'un coup, sans être obligé de se livrer
ces opérations de détail, chiffre à chiffre, qu'o
a coutume de faire. Il exécutait pareillement le
diverses opérations de l'arithmétique. Il ne pou
vait se rappeler un passage d'une pièce de théâtr
qu'il avait vu jouer sans qu'aussitôt il n'évoqué
les détails de la salle elle-même... — M. X...
beaucoup voyagé. Il aimait *à croquer* les sites c
les perspectives qui l'avaient frappé. Il dessinai
assez bien. Sa mémoire lui offrait, quand il l
voulait, les panoramas les plus exacts. Se souve
nait-il d'une conversation ? Recherchait-il un pro
pos ? Une parole donnée ? Le lieu de la conversa
tion, la physionomie de l'interlocuteur, la scèn

entière, en un mot, dont il ne recherchait qu'un
détail, lui apparaissait dans tout son ensemble.
— La *mémoire auditive* a constamment fait défaut à M. X.... Il n'a jamais eu, entre autres,
aucun goût pour la musique[1]. »

Pour permettre de déterminer si une personne
appartient au type visuel, M. Binet propose,
comme signe objectif, de tenter l'expérience de
Wundt que nous avons rapportée déjà[2]. Cette
expérience est difficile à répéter, car elle exige
un pouvoir de visualisation que tout le monde
n'a pas. « Pour me prendre comme exemple, dit
M. Binet, je ne puis pas arriver à me représenter
clairement une couleur, je suis un visuel très
médiocre ; aussi n'est-il pas étonnant que je ne
réussisse pas à obtenir de sensation consécutive
colorée. Mais mon excellent ami le docteur Féré
y arrive facilement. Il peut se représenter une
croix rouge assez vivement pour voir ensuite, sur
une feuille de papier, une croix verte : ainsi, il
voit non seulement la couleur, mais la forme. »

---

(1) Nous reviendrons sur ce cas au chap. VIII. — Il nous
fournira un exemple typique du désarroi qui survient chez
les visuels quand ils perdent leur faculté de vision mentale.

(2) Voir plus haut, p. 15 et 16.

CHAPITRE V

LE TYPE AUDITIF

Le *type auditif*. — Ses caractères. — La *mémoire* de l'auditif : Mozart; autres exemples. — L'*imagination* de l'auditif : Mozart; — Cherubini; — Mendelssohn; — Beethoven; — Legouvé. — Le *raisonnement* de l'auditif : exemples. — La *parole intérieure :* de Bonald; — De Cardaillac; — M. V. Egger. — Forme spéciale de la parole intérieure : M. Delbœuf; — Diderot.

Le *type auditif* se reconnaît à des caractères analogues à ceux qui distinguent le visuel, et ce que nous avons dit de l'un peut se répéter de l'autre, *mutatis mutandis.* Ce sont alors les images auditives qui présentent une vivacité particulière et qui servent de base aux diverses opérations intellectuelles. Ainsi, par exemple, tandis que le visuel quand il se rappelle une page, en *voit* les caractères comme imprimés, l'auditif *entend* le son des mots.

F. QUEYRAT.   4

Chez lui, du reste, la *mémoire* présente des phénomènes non moins extraordinaires que chez le premier. On cite souvent le cas de Mozart, qui, à l'âge de quatorze ans, après avoir entendu *une seule fois* à la chapelle Sixtine le *Miserere* d'Allegri, dont il était défendu par les papes de donner copie, nota de souvenir toute cette œuvre, composée de tant de parties et compliquée d'accords si étranges et si délicats[1]. Mais quelque surprenant que soit un pareil tour de force, il n'est pas exceptionnel. M. Buchez dit avoir connu plusieurs artistes qui pouvaient entendre un morceau tout entier sous forme d'exécution orchestrale et le traduire aussitôt sur le piano. Un chef d'orchestre

(1) Voir cette anecdote détaillée dans Stendhal, *Vie de Mozart.* N'oublions pas qu'une mémoire aussi prodigieuse suppose une aptitude toute spéciale de l'ouïe, comme celle qui apparaît dans le cas suivant, rapporté par Brierre de Boismont : chez le fils du docteur Paladilhe (de Montpellier), jeune enfant de sept ans (août 1851, dix ans après grand prix de Rome du Conservatoire, et aujourd'hui membre de l'Académie des Beaux-Arts), le développement du sens musical est arrivé à des effets si prodigieux, que non seulement on peut le considérer comme un sonomètre vivant, mais qu'il possède en outre la singulière et rare faculté de distinguer le caractère mélodique du discours parlé : 1° suivant la nature plus ou moins musicale de la voix des individus ; 2° suivant la nature plus ou moins passionnée, plus ou moins incisive du discours lui-même.

très apprécié du monde musical de Paris lui assura que, lisant une partition écrite, *il entendait comme dans son oreille*, non seulement les accords et leurs successions, mais encore le timbre des instruments. Lorsqu'on lui soumettait une partition nouvelle, ouverture ou symphonie, à la première lecture il distinguait le quatuor, à la seconde et dans les suivantes, il ajoutait successivement et percevait nettement les autres effets [1]. Au surplus, cette faculté d'audition interne semble en certains cerveaux privilégiés s'organiser de fort bonne heure. « Reyer rapporte le cas d'un enfant de 9 mois, qui répétait exactement les notes jouées sur le piano. L'enfant de Stumf montait régulièrement la gamme en chantant, à l'âge de 14 mois. Le fils du compositeur Dvorak (de Prague), à l'âge d'un an, chantait avec sa nourrice la marche de *Fatinitza*. A un an et demi, il chantait des mélodies de son père, que celui-ci accompagnait au piano. » (Ballet.)

Il n'est donc pas étonnant que, dès leur jeune âge, plusieurs grands musiciens aient fait preuve d'une *imagination* auditive incroyable. Mozart

---

[1] Voir Brierre de Boismont, *ouv. cité*, p. 159-160.

(qu'il faut toujours citer quand sur ce point on
parle de dons naturels), prodige de précocité, à
peine âgé de six ans, composait déjà : « Un jour,
en revenant de l'église, le père de Mozart trouve
son fils penché sur une feuille de papier à musique, la plume à la main, les doigts pleins d'encre
et faisant force pâtés. Il lui demande quel est ce
gribouillage. Sans se déranger, le petit garçon
répond que c'est un *concerto* de clavecin[1]. Le
père prend cette réponse et le gribouillage pour
un jeu d'enfant ; mais, à la fin, l'air sérieux et
l'application de son fils l'étonnent ; il regarde attentivement le papier à musique, et reconnaît à
ces pattes de mouche un véritable *concerto* de
piano et d'une exécution très difficile[2]. » — A
douze ans, Cherubini avait fait exécuter une
messe solennelle. — Mendelssohn corrigeait à huit
ans un *Oratorio* de Bach. Un peu plus tard, son
premier maître, Zelter, écrivant à Gœthe, lui rendait ainsi compte, dans son intelligente et rude
manière, des progrès de son élève : « Hier soir,

---

(1) Le *concerto* est un morceau écrit pour un instrument,
avec accompagnement d'orchestre et composé de manière à
faire briller l'artiste qui joue la partie principale.

(2) Paul de Musset, *De la musique dramatique.*

un grand événement a eu lieu en famille : la représentation entre intimes du dernier opéra de Félix, *son quatrième déjà*. Trois actes entremêlés de ballet, le tout pouvant durer deux heures et demie environ. Tout le monde s'est montré satisfait. Moi, pour mon compte, je n'en reviens pas d'étonnement. *L'enfant n'a pas quinze ans*. Et c'est de la musique cela, de la vraie musique, originale, nouvelle, pleine de grandeur, de caractère. Tout y coule de source, avec sérénité et ampleur, tout y est dramatique, tranquille et suivi. Impossible de se montrer plus habile dans l'emploi des voix, de déployer un génie d'instrumentation à la fois plus hardi et plus aisé [1]. »

Quelques musiciens même réalisent les combinaisons de sons les plus compliquées sans le secours d'un instrument : « Beethoven composait en marchant et n'écrivait jamais une seule note avant que le morceau dont il avait le plan dans la tête fût entièrement achevé. » (Fétis.) Devenu dans les dernières années de sa vie tout à fait sourd, il composait encore[2], et chose indispen-

(1) Voir Camille Selden, *Félix Mendelssohn — Bartholdy et la musique en Allemagne*.

(2) Notamment l'opéra de *Fidelio*, un des chefs-d'œuvre du

4.

sable pour qu'il en pût mesurer l'effet, se répétait intérieurement d'énormes symphonies. Un fait analogue se produit parfois chez certains romanciers ou auteurs dramatiques. M. Bernard (*De l'Aphasie*, p. 50) rapporte à ce propos un exemple curieux qui marque bien de quelle façon différente procèdent l'imagination de l'auditif et celle du visuel : « Quand j'écris une scène, disait Legouvé à Scribe, j'*entends*; vous, vous *voyez ;* à chaque phrase que j'écris, la voix du personnage qui parle frappe mon oreille. Vous qui êtes le théâtre même, vos acteurs marchent, s'agitent sous vos yeux; je suis *auditeur*, vous *spectateur*. — Rien de plus juste, dit Scribe; savez-vous où je suis quand j'écris une pièce ? Au milieu du parterre. »

En l'espèce, le *raisonnement* aussi est auditif. Par exemple, les personnes qui appartiennent à ce type font-elles de tête une addition, elles se répètent mentalement les noms des chiffres, et additionnent en quelque sorte les sons, sans en avoir la représentation graphique : « J'ai eu oc-

théâtre allemand. — Milton nous offre un cas analogue d'imagination *visuelle*. Il était aveugle quand il créa le *Paradis perdu*, où se trouvent les descriptions les plus pittoresques.

casion de noter, dit M. Ribot[1], que plusieurs calculateurs ne voient pas leurs chiffres ni leurs calculs, mais qu'ils les entendent. » A plus forte raison en est-il de même du raisonnement ordinaire.

Parmi les images constitutives des *mots*, en effet, ce sont les images *phonétiques* qui ont ici la priorité. Bien plus, chez quelques-uns (tels de Bonald, de Cardaillac, M. V. Egger) elles effacent en quelque sorte toutes les autres. La parole intérieure[2] de M. Egger a l'allure, le rythme, le timbre et l'intonation de sa parole extérieure. Celle de Cardaillac « est souvent plus distincte que la sensation » même.

Dans les premières pages du beau livre qu'il lui a consacré, M. V. Egger décrit admirablement cette *parole intérieure*, silencieuse, secrète, que

(1) *Les Maladies de la mémoire*, p. 108, note 2.

(2) « Frappés des remarquables analogies que présente avec la parole extérieure, la succession, dans l'esprit, au cours de la pensée, des images verbales auditives, quelques auteurs ont donné à cet enchaînement d'images le nom de *parole intérieure*. Le mot est assez heureux... Il reste bien entendu que cette expression n'est pas synonyme de *langage intérieur*. Le langage intérieur comprend à la fois les représentations auditives, visuelles et motrices, tandis que la « parole intérieure » désigne seulement l'audition mentale verbale. » (Ballet.)

nous entendons ; quand nous écrivons ou lisons
en silence, ou encore quand nous sommes seuls
avec nos souvenirs et nos pensées, sans compagnon d'aucune sorte : « Alors elle reste en nous
et nul autre que nous-même ne peut l'entendre...
Sans cesse nous pensons, et à mesure que se dé-
roule notre pensée, nous la parlons en silence ;
mais presque toujours nous la parlons ainsi sans
le savoir... Quelquefois pourtant, cette parole intérieure qui accompagne toujours la réflexion soli-
taire se fait connaître à nous : c'est le soir quand
la lampe est éteinte, quand nous avons renoncé
pour un temps à l'activité réfléchie, à l'intelligence raisonnable, à la conscience ; nous avons
abdiqué, nous demandons à jouir du repos. Mais
le sommeil réparateur se fait attendre ; tourmentés
par l'insomnie, nous ne pouvons *faire taire* notre
pensée ; nous l'entendons alors, car elle a une
voix, elle est accompagnée d'une parole intérieure, vive comme elle, et qui la suit dans ses
évolutions ; non seulement nous l'entendons,
mais nous l'écoutons, car elle est contraire à nos
vœux, à notre décision, elle nous étonne, elle nous
inquiète ; elle est imprévue et ennemie ; nous
cherchons à la combattre, à la calmer, à la dé-

tourner, pour l'éteindre, sur des objets indifférents.
Quand nous parlons à haute voix, la parole intérieure n'est pas pour cela absente ; elle ne se tait
qu'à demi et par intervalles ; quand nous repre-
nons haleine, quand nous marquons par de courts
silences les points et les virgules de nos phrases,
nous l'entendons : elle nous rappelle la trame
de notre discours, elle nous dit les mots qui vont
suivre ; elle sert de guide, ou, pour mieux dire,
de *souffleur* à la parole extérieure. Elle souffle
de même quand nous écoutons autrui, l'orateur
intimidé ou balbutiant ; elle complète ses mots
s'il est édenté ou enroué ; elle corrige ses *lapsus*
s'il lui en échappe. Seul un orateur, abondant,
rapide, qui articule nettement, pourra imposer
silence à la parole intérieure. » Encore faut-il que
la suite des sons soit entendue sans distraction
aucune. En un mot, « pour ralentir le cours de la
parole intérieure et briser sa continuité, il faut
notre propre parole ; pour la suspendre tout à fait
durant un temps notable il faut la parole d'autrui.
Hors de ces deux cas, *la parole intérieure est cons-
tante;* nous ne pensons pas, et, par suite, nous
ne vivons pas sans elle. Elle occupe tous les vides
laissés par la parole extérieure dans la succession

psychique ; elle fait, pourrait-on dire, l'intérim
de la parole extérieure. *L'âme n'est jamais sans
entendre un son* (!); lorsque le son n'est pas extérieur et réel, il est remplacé par une image qui
lui ressemble[1] ».

(1) Cette affirmation est trop générale. Sans parler des
sourds-muets que M. Egger excepte lui-même (p. 201), ni
des moments où l'âme est ravie par l'extase (p. 18-19),
ou abîmée dans une grande douleur (p. 239), sans parler
même des *visuels* dont nous avons constaté le cas spécial, chez les tout jeunes enfants qui n'ont point encore
de mots, et « chez les êtres humains qui n'ont qu'un voca-
bulaire restreint, *de nombreux processus de pensée ont
ordinairement lieu*, suivant la remarque de St. Mill, *par
d'autres symboles que des mots*. C'est la doctrine d'un des
penseurs les plus féconds des temps modernes, Auguste Comte,
qu'outre la logique des signes, il y a une logique d'images
et une logique de sensations. Dans un grand nombre de processus familiers de la pensée et surtout chez les esprits in-
cultes, *une image visuelle tient lieu d'un mot...* L'apparence
visuelle caractéristique d'un objet rassemble aisément autour
d'elle, par association, les idées de toutes les autres particularités, qui, dans de fréquentes expériences, ont coexisté
avec cette apparence; et, en évoquant celles-ci avec une
force et une certitude qui surpassent de beaucoup celle des
associations simplement occasionnelles qu'elle peut aussi
exciter, elle concentre l'attention sur elles. C'est là une image
qui sert de signe, la logique d'images ». Néanmoins, quelque
exagération que présente la thèse de M. Egger, lorsqu'il
accorde ainsi aux images auditives verbales un rôle prépon-
dérant *dans tous les esprits*, il faut bien reconnaître que ce
sont d'ordinaire les plus importantes, puisque, dans les
maladies du langage, leur perte semble occasionner les
désordres les plus fâcheux.

Lorsque l'auditif imagine un dialogue auquel il prend part, mieux encore quand il écrit ce dialogue, *il entend souvent avec une certaine netteté la parole de l'interlocuteur.* « Au moment ou j'écris, dit M. Delbœuf (*Revue philosophique*, oct. 1879, art. sur le *Sommeil*), je cause avec un lecteur fictif ; je lui attribue les objections, lorsque je ne me crois pas clair, et les doutes, lorsque je doute moi-même. » Diderot, raconte M. Scherer, causeur infatigable, discuteur acharné, avait toujours en imagination un interlocuteur devant lui : passionné pour le drame, il dramatisait ses pensées, il supposait l'objection et se donnait lui-même la réplique. « Cette transformation de la parole intérieure, ajoute M. Egger, est surtout fréquente chez les hommes qui sont causeurs de leur naturel, et pour qui la conversation est un besoin de l'esprit, un excitant presque indispensable des facultés intellectuelles, mais qui ne causent pas avec tout le monde ; pour chacun des objets qui les préoccupent, ils ont un interlocuteur préféré ; habitués à penser et à parler de telle chose avec tel compagnon, ils ne savent pas penser tout seuls ; quand cela leur arrive, c'est qu'ils ont évoqué ce collaborateur habituel de leur pensée ; c'est en sa présence supposée qu'ils trouvent des idées nouvelles et qu'ils épanchent leurs réflexions ; souvent ils préparent ainsi plus ou moins volontairement leurs conversations futures. Le même phénomène se produit chez les hommes qui, en vertu de leur profession, parlent fréquemment en public ; mais chez eux l'ami attentif, c'est leur auditoire habituel ; ainsi pour les professeurs, les conférenciers, les avocats, les hommes politiques. Plus d'un avocat, sans doute, ne peut bien préparer une cause dans son cabinet sans imaginer le tribunal auquel sa plaidoirie doit s'adresser. Parfois, mais rarement, l'auditeur imaginaire est indéterminé. »

Ces traits divers suffisent pour caractériser l'état mental de l'auditif et permettre à chacun de le reconnaître.

CHAPITRE VI

LE TYPE MOTEUR

L'image musculaire et son rôle. — Le *type moteur*. — Ses caractères. — La *mémoire* du moteur : fait rapporté par le colonel Montcraft ; — cas de M. G. Ballet. — Le *langage intérieur* du moteur : M. Stricker ; — Montaigne ; — Maine de Biran ; — Bain ; — M. Liard. — Cas particulier des sourds-muets. — Importance exceptionnelle des images motrices pour le développement intellectuel : *Laura Bridgeman*.

Moins connu que les précédents est le *type moteur*, non peut-être qu'il soit en réalité beaucoup plus rare, mais plutôt parce que, ne sollicitant guère l'attention, il est resté longtemps inobservé. Les sensations et les images, à la prédominance desquelles il doit son existence, n'ont été étudiées que de notre temps et c'est à l'école anglaise contemporaine que revient l'honneur de les avoir mises en lumière, en montrant, comme

dit M. Ribot (*Maladies de la volonté*, p. 7), que
« toutes nos perceptions, en particulier les importantes, celles de la vue et du toucher, impliquent
à titre d'éléments intégrants des mouvements de
l'œil ou des membres ; et que si, lorsque nous
voyons réellement un objet, le mouvement est
un élément essentiel, il doit jouer le même rôle
quand nous voyons l'objet idéalement [1] ». Par
exemple, l'idée actuelle d'une boule que nous
tenons dans notre main est la résultante de
sensations optiques et tactiles, qui proviennent
des impressions produites sur la rétine et sur
la main, ainsi que des sensations musculaires
dues aux ajustements spéciaux de l'œil et aux
contractions des doigts. Si donc plus tard nous
pensons à cette boule, l'idée que nous en aurons

---

(1) « Pour être connus, la plupart des objets supposent
l'activité simultanée de nos facultés sensitives et de nos
facultés motrices ; et nos idées sont une résurrection mélangée
de mouvements idéaux et de sensations idéales, dans leurs
associations cohérentes respectives. On en a un exemple dans
l'acquisition et la constitution des idées de forme, de figure,
de poids, de résistance, etc. » (Ferrier, *Les fonctions du cerveau.*) — « La mémoire d'une forme visible, comme un arc-
en-ciel, dit M. Bain, renferme la conscience d'une courbe,
décrite par les mouvements musculaires; et l'on se souvient
des méandres d'une rivière qui, dans la vue réelle, doivent
être suivis par les mouvements de l'œil, comme des mouvements idéaux. »

conservée comprendra nécessairement avec le souvenir des sensations optiques et tactiles, celui des sensations musculaires[1], et c'est ce dernier que l'on appelle *image motrice*[2].

(1) Observons que par *sensations musculaires* les psychologues contemporains entendent non les sensations qui proviennent d'une pression ou d'un choc sur les muscles, mais les sensations qui *accompagnent les mouvements spontanés*, celles qui suivent une impulsion motrice partie des centres. — On n'est pas d'accord sur la manière dont elles se produisent. D'après les uns (Müller, Ludwig, Bain, Wundt, Lewes, etc.), elles sont *centrifuges*, c'est-à-dire qu'elles ont leur point de départ dans les centres nerveux eux-mêmes et coïncident avec le courant efférent de l'énergie motrice, avec la mise en jeu d'une certaine quantité de force nerveuse ; — d'après les autres (W. James, Ferrier, Bastian, Charcot, etc.), elles sont au contraire *centripètes*, c'est-à-dire qu'elles se produisent lorsque les muscles, changeant de forme par l'effet de la contraction, exercent une pression sur les filets des nerfs sensitifs ou afférents qui y aboutissent ; cette pression transmise par un courant afférent au centre nerveux donne lieu à la sensation musculaire. L'origine de la sensation musculaire est donc motrice pour la première théorie, sensitive pour la seconde ; dans le premier cas elle précède, dans le second elle suit le mouvement à accomplir. — Des deux solutions, quelle est la vraie ? L'état actuel de la science ne permet pas de se prononcer. — (Voir au reste sur ce point Ch. Bastian, *Le cerveau*, t. II, appendice, p. 278.)

(2) Nous employons indifféremment dans le cours de cette étude les expressions *sensations musculaires* et *sensations de mouvement* ou *motrices, images musculaires* et *images motrices;* mais il serait peut-être préférable, « en face de tous les désaccords relatifs au sens musculaire », de parler avec Bastian, « d'un *sens de mouvement* (ou en un seul mot *Kinesthésis*, — de κινέω, mouvoir, et, αἴσθησις sensation), comme

Bien que sa présence ne soit pas même soup-
çonnée, cette image motrice fait partie de nombreuses combinaisons mentales. En nous tous,
elle sert de base à la mémoire des mouvements.
« Ainsi, la locomotion, qui, chez beaucoup
d'espèces inférieures, est un pouvoir inné, doit
être acquise chez l'homme, en particulier ce pouvoir de coordination qui maintient l'équilibre du
corps à chaque pas, par la combinaison des impressions tactiles et visuelles. D'une manière
générale, on peut dire que les membres de
l'adulte et ses organes sensoriels ne fonctionnent

d'une faculté séparée, de nature complexe, par laquelle nous
sommes informés de la position et des mouvements de nos
membres, par laquelle nous pouvons juger du *poids* et de la
résistance, et par laquelle le cerveau est guidé, très souvent
d'une manière inconsciente, dans l'accomplissement des
mouvements en général, mais surtout de ceux du type automatique. Des impressions de diverses sortes se combinent
pour parfaire ce « sens de mouvement », et son siège cérébral, ou aire, coïncide en partie avec celle du sens du toucher. Il comprend, comme composantes, des impressions
cutanées ou des impressions qui viennent des muscles et
d'autres tissus profonds des membres (aponévroses, tendons
et surfaces articulaires), qui tous donnent naissance à des
impressions conscientes, plus ou moins définies... La résurrection *en idée* de quelques impressions de cette nature coo-
père, avec certains stimuli sensoriels ou volitionnels, pour
renouveler des mouvements déjà exécutés à quelque époque
antérieure. » (*Ouv. cité*, t. II, p. 165.)

si facilement que grâce à *cette somme de mouve-*
ments acquis et coordonnés... Au même ordre
appartiennent ces groupes de mouvements d'un
caractère plus artificiel, qui constituent l'apprentissage d'un métier manuel, les jeux d'adresse,
les divers exercices du corps, etc., etc.[1]. »

Considérons un ordre plus particulier et plus
élevé de mouvements. Qui n'a constaté les tâton-
nements nombreux des enfants pour arriver à
parler et à écrire d'une manière convenable? Il
doit s'opérer, en effet, dans leurs centres nerveux, par un apprentissage plus ou moins long,
une coordination des mouvements nécessaires à
la parole et à l'écriture, après laquelle ils sont
capables d'exécuter automatiquement ces actes
compliqués. Mais ces mouvements coordonnés ont
été constamment accompagnés de sensations, à la
faveur desquelles l'action du larynx, de la langue
et des lèvres pour la parole, ainsi que celle de
la main pour l'écriture, étaient conscientes. Et
c'est le souvenir ou l'image de ces mouvements
ou plutôt de ces sensations qui rend ensuite possibles et rapides la parole et l'écriture. Or d'un

(1) Ribot, *Les maladies de la mémoire*, p. 6.

minimum de conscience, comme il arrive chez
beaucoup de personnes plus aptes à retenir les
images des sensations auditives ou visuelles concomitantes des sensations musculaires, les images
de ces dernières peuvent s'élever à une conscience claire, et servir, aux lieu et place des
images visuelles et auditives, de base au rappel
des mots parlés ou écrits, et à l'exercice des diverses opérations intellectuelles. C'est précisément ce qui a lieu chez ceux qu'on appelle des
moteurs.

Ainsi il est des personnes qui se souviennent
bien mieux d'une page quand elles l'ont lue à
haute voix ou qu'elles l'ont transcrite, d'un dessin
quand elles en ont suivi les traits avec leur
doigt [1]. Galton rapporte à ce propos un cas
curieux : « Le colonel Montcraft, dit-il, a souvent
observé dans l'Amérique du Nord de jeunes
Indiens qui, visitant par occasion ses quartiers,

---

(1) « Nous ne nous représentons jamais mieux une figure,
que lorsque nos mains reprennent la même forme que le
tact leur avait fait prendre. » (Condillac, *Logique*, 1re partie,
chap. IX.) — En quelques circonstances cette mémoire peut
donner des résultats merveilleux : Aldovrand rapporte qu'un
certain Jean Ganibasius, de Volterre, a donné à la sculpture,
étant devenu aveugle à l'âge de vingt ans, s'avisa, après un
repos de dix ans, d'essayer ce qu'il pourrait faire encore dans

s'intéressaient beaucoup aux gravures qu'on leur montrait. L'un d'eux suivit avec soin à l'aide de son couteau le contour d'un dessin contenu dans l'*Illustrated News,* disant que, de cette façon, il saurait mieux le découper à son retour chez lui. Dans ce cas l'image motrice des mouvements était destinée à renforcer l'image visuelle ; ce jeune sauvage était un moteur. » (Cité par M. Binet, p. 27-28.) — Dans une thèse remarquable [1] que nous avons eu déjà l'occasion de citer, M. Gilbert Ballet, professeur à la faculté de médecine de Paris, rapporte en ces termes sa propre observation : « Chez moi, dit-il, les images motrices ont, dans les conditions ordinaires de la réflexion, une intensité très grande. J'ai la sensation très nette que, sauf circonstances exceptionnelles, *je ne vois ni n'entends ma pensée*, je la parle mentalement. Chez moi, comme chez la plupart des moteurs, je pense, la parole intérieure devient souvent assez

---

son métier. Il *toucha* avec soin une statue de marbre qui représentait Cosme Ier, grand-duc de Toscane, et en fit après cela une d'argile, si ressemblante, que tout le monde en fut étonné. Le grand-duc Ferdinand envoya ce sculpteur à Rome où il modela une statue d'argile qui reproduisait parfaitement les traits d'Urbain VIII.

(1) *Le langage intérieur et les diverses formes de l'aphasie.*

vive pour que j'arrive à prononcer à voix basse les mots que dit mon langage intérieur. C'est là notre forme d'images vives, à nous moteurs. Je m'explique par cette prédominance, chez moi, des représentations motrices sur les auditives et les visuelles, certaines particularités qu'il n'est pas sans intérêt de relever. Un visuel chargé de faire une leçon (j'ai entendu naguère M. Charcot rapporter à cet égard des exemples fort topiques), pourra l'écrire dans son entier, puis la lire mentalement en la disant. Il en est autrement du moteur. La mémoire visuelle étant moins accusée chez lui, il aura plus de peine à suivre des yeux le manuscrit, et s'il voulait en parlant recourir au procédé dont le visuel se sert si heureusement, il s'exposerait à de fâcheux arrêts dans le débit. Il est pour moi sans utilité aucune de préparer une leçon dans ses détails, le mieux est de me contenter d'en arrêter les grandes lignes et les divisions principales. Je ne puis en effet (à moins bien entendu d'un exercice prolongé) lire mentalement ma leçon en la faisant. Mais, en ma qualité de moteur, je me la rappelle assez nettement quand je l'ai faite. *Mes représentations d'articulation me la redisent*, et il me serait

facile de la reproduire [1], avec plus d'aisance même
et de facilité que lorsque je l'ai faite de premier
jet. »

Comme l'établit cette observation, les moteurs
ne voient pas, n'entendent pas leur pensée, mais
ils la *parlent*. Ce ne sont plus chez eux les images
visuelles ou auditives des syllabes et des mots
qui, en vertu de la loi d'association, se rappellent les unes les autres, mais bien les mouvements d'articulation. Prenons pour exemple ce
vers de Racine :

Oui, c'est Agamemnon, c'est ton roi qui t'éveille.

Tandis que le visuel, quand il en évoque le
souvenir, voit se succéder les images : *oui, c'est
Agamemnon*, telles qu'elles sont, si l'on veut,
écrites ici, et que, dans le même cas, l'auditif
entend les sons des syllabes : *oui-c'est-A-ga-mem-
non*, — le moteur a conscience comme d'une
série de mouvements d'articulation ; l'image des
mouvements produits une première fois pour prononcer *oui, c'est* amène à sa suite l'image de

_____

(1) Notons en passant que *ce fait explique et justifie l'utilité à l'école de la récitation et de la lecture à haute voix.*

5.

ceux qu'a nécessités le mot *Agamemnon* [1], et c'est en quelque sorte en se souvenant de ces mouvements que le moteur se souvient des mots.

On conçoit par cette importance des images musculaires dans le *langage intérieur* des moteurs, combien y doivent être effacées les représentations différentes. Tandis qu'en effet les images auditives ont à ce point la prédominance chez M. Egger qu'il méconnaît presque le rôle des autres, au contraire, chez le psychologue allemand Stricker, elles sont reléguées à l'arrière-plan et remplacées par des *images motrices d'articulation*. « Quand je pense en mots, écrit ce dernier, je dis que les images auditrices n'y prennent, selon la conscience que j'en ai, aucune

(1) Que ceux qui ne comprendraient pas bien comment chez le moteur ces mouvements d'articulation peuvent ainsi *se suggérer* les uns les autres, remarquent seulement qu'un fait analogue a lieu inconsciemment chez tout le monde pour les mouvements de locomotion par exemple : « C'est ce qui arrive quand nous marchons sans y penser. Tout en dormant, des soldats à pied et même des cavaliers en selle ont pu continuer leur route, quoique ces derniers aient à se tenir constamment en équilibre. Cette suggestion est encore plus frappante dans le cas cité par Carpenter d'un pianiste accompli qui exécuta un morceau de musique en dormant, fait qu'il faut attribuer moins au sens de l'ouïe qu'au sens musculaire qui suggérait la succession des mouvements. » (Ribot.)

part. » Et plus loin : « L'examen de mes représentations de mots prouve qu'il ne s'y trouve
ni image visuelle, ni souvenir des caractères de
l'écriture. » Évoque-t-il quelque vers ? il lui
semble le *prononcer*. Détail curieux, chez lui les
représentations musicales sont motrices comme
les images verbales. On trouvera tous ces points
développés dans l'ouvrage de M. Stricker, *Le
langage et la musique*[1], qui n'offre pas moins
d'intérêt pour l'étude des images motrices des
mots que celui de M. Egger pour l'étude des
images auditives.

Si M. Stricker est le premier qui, par l'analyse
détaillée de son propre cas, ait mis en lumière
de telles particularités de langage, l'on peut
aussi, à en juger par le passage suivant des *Essais*,
ranger, semble-t-il, Montaigne parmi les moteurs :
« Ce que nous parlons, il faut que nous le par-
lions premièrement à nous et que nous le fassions
sonner au dedans de nos oreilles, avant que de
l'envoyer aux étrangères ; » c'est-à-dire, comme
l'explique M. Egger, l'enfant ne peut faire entendre
à autrui aucune parole s'il ne s'est exercé aupa-

_____

(1) Traduit par M. Schwiedland.

ravant à la prononcer pour lui-même à haute voix. Maine de Biran regarde également le langage intérieur comme un écho musculaire. Pour M. Bain, ce langage s'accompagne toujours de l'image du mouvement laryngo-buccal [1]. M. Liard (*La science positive et la métaphysique*, p. 401-402) est du même avis : « Quand nous pensons les mots, écrit-il, les organes qui servent à les articuler, le larynx, la langue, les lèvres, les joues, la mâchoire, ne sont-ils pas sensiblement excités ? Toute pensée n'est-elle pas accompagnée d'une articulation muette, et ne suffirait-il pas de pousser dans l'appareil vocal, ainsi disposé d'une manière inconsciente, le souffle qui le fait résonner, pour obtenir l'articulation faible, mais cependant distincte, des mots que nous pensons [2]. »

Peut-être même est-il des personnes qui em-

(1) Consulter Egger, *ouv. cité*, p. 40, 58-59, 76. — Le docteur Hughlings Jackson professe aussi que les mots sont rappelés à la pensée comme « processus moteurs ». (Voir Bastian, *ouv. cité*, p. 206 et 218.)

(2) Les diverses observations rapportées ci-dessus permettent de réduire à sa juste valeur l'assertion de M. Egger écrivant : seuls « les hommes qui méditent peu (!) et qui n'usent guère de la parole intérieure que pour se préparer à parler le plus distinctement possible, les avocats, certains professeurs, s'exercent mentalement à articuler ».

ploient pour leur langage intérieur, non les images motrices d'articulation, mais les *images motrices graphiques* ou *d'écriture*. Au lieu de parler leur pensée, elles l'écriraient[1]. Ce qui semble d'une part le prouver *directement*, c'est

(1) Ch. Bastian ne partage pas cette opinion : « Chacun, dit-il, peut aisément se convaincre, par la simple expérience que voici, qu'il est presque impossible de rappeler à la conscience des impressions de cette nature, et combien vague et indistinct est le sentiment associé à cet essai, si on le compare au souvenir d'une impression visuelle ou auditive. Que l'on ferme les yeux, et que la plume à la main, on fasse en l'air des mouvements comme si l'on écrivait le mot *Londres*. On peut s'assurer ainsi que l'on a un groupe de sensations accompagnant ces mouvements. Au bout d'un certain temps, d'un jour par exemple, que l'on ferme de nouveau les yeux et, sans faire aucun mouvement, que l'on essaie de se rappeler « en idée » les sensations musculaires et autres, que l'on a précédemment éprouvées en écrivant le mot ci-dessus. Que l'on mette en regard son impuissance relative, sous ce rapport, avec la facilité avec laquelle on se rappelle l'aspect visuel de ce mot écrit, ou le son correspondant. » (*Ouv. cité*, t. II, p. 218; cf. *ibid.*, p. 205.) — Quelques lignes plus loin, Bastian ajoute : « Si faible que puisse être la faculté de se souvenir des impressions kinesthétiques qui dérivent de l'écriture, la faculté de se souvenir de celles qui dépendent de la parole est encore moindre. » En d'autres termes, il estime que si les images motrices graphiques sont peu distinctes, les images motrices d'articulation le sont encore *beaucoup moins*. Or nous venons de voir qu'il est des personnes chez qui ces dernières représentations ont au contraire la prédominance. Assurément, pour son propre compte, Ch. Bastian a raison; mais encore une fois semblables observations, très vraies, très justes individuellement, ont le défaut commun d'être généralisées.

que nombre d'enfants retiennent mieux un morceau après l'avoir *copié ;* d'autre part, des faits *analogues,* relatifs aux représentations motrices du *dessin* (v. ci-dessus l'observation faite par le colonel Montcraft) et des *gestes,* permettent de le croire : chez les sourds-muets, le langage intérieur est constitué par des images motrices, en même temps que visuelles des *gestes* qui forment leur langage ordinaire. L'un d'eux, Ferd. Berthier, dont le docteur Ed. Fournié, dans son *Essai de psychologie* (p. 343-344), a relaté l'histoire, écrivait : « Bien que mes doigts et mes mains soient immobiles, je *sens,* quand je pense, qu'ils agissent ; je *vois* intérieurement l'image qu'ils produisent ; *je sens que ma pensée s'exerce et s'identifie avec ces mouvements* que les yeux externes ne voient pas. »

Rien ne saurait d'ailleurs mieux faire saisir l'importance et le rôle possible des images motrices en certaines circonstances extraordinaires que le cas tout spécial de l'Américaine *Laura Bridgeman.*

Cette jeune fille, née en 1829 aux États-Unis, devenue à deux ans *sourde, muette, aveugle* et n'ayant qu'une sensibilité fort confuse de l'odorat, et par conséquent du goût, n'était guère en possession que du sens du toucher (merveilleusement délicat, il est vrai, puisqu'elle est arrivée, grâce à lui seul, à distinguer les couleurs des divers pelotons de laine ou de soie employés par elle dans ses travaux de couture et de broderie). « Malgré sa grande activité intellectuelle, sa mémoire étonnante, un grand instinct d'imitation et un sens du toucher admirablement propre à être cultivé, elle ne s'était pas dans la maison paternelle, sous les soins de sa mère, plus développée qu'un animal intelligent pour l'éducation duquel on se serait donné beaucoup de peine. Elle distinguait les objets les uns des autres, d'après leur forme, leur dureté, leur poids et leur température. Elle imitait les mouvements de sa mère dont elle sentait les mains et les bras, et elle apprit même à coudre et à tricoter un peu. En quelques mois son état intellectuel se modifia d'une façon étonnante, grâce à la *parole du toucher* que lui apprit le docteur Howe[1], auprès duquel elle arriva à l'âge de sept ans[2]. Celui-ci fit

(1) Habile médecin de Boston.
(2) A l'asile des aveugles du Massachusetts.

appliquer sur toutes les choses communément usuelles, telles que couteau, fourchette, cuillère, clef, des cartes sur lesquelles le nom de l'objet était écrit en relief. Laura remarqua que les lignes courbes du mot cuillère étaient aussi différentes des lignes courbes du mot clef que les objets l'étaient eux-mêmes ; alors on lui mit entre les mains des cartes avec les mêmes mots imprimés. Elle saisit bientôt la similitude des lettres des mots appliqués sur les cartes avec celle des noms d'objets, et comme preuve elle mit la carte du mot clef sur la clef et la carte cuillère sur la cuillère. Plus tard on lui donna les lettres isolément et elle les disposa de façon à faire les mots : livre, clef ; on les mit en tas, on laissa Laura chercher elle-même les lettres et les réunir sur les mots : livre, clef.

« Jusque-là, dit le docteur Howe, l'acte avait été mécanique et le résultat à peu près aussi grand que si l'on apprenait à un jeune chien intelligent divers tours d'habileté. La pauvre enfant était restée dans une sorte d'étonnement muet et imitait patiemment tout ce que lui prescrivait son maître. Mais, dès lors, la lumière de la vérité parut surgir chez elle et son intelligence commença à travailler ; elle remarqua *qu'elle avait le moyen de créer un signe* de ce qui se trouvait devant son âme et de le montrer à une autre âme, et dès lors sa physionomie rayonna d'intelligence humaine[1]. »

Laura Bridgeman apprit rapidement à lire, à écrire et à s'entretenir avec les autres personnes[2]. Depuis, elle est même devenue professeur dans un établissement de sourds-muets, et elle a composé des prières et des hymnes qui, paraît-il, ne sont pas sans valeur.

---

(1) Kusmaul, *Des troubles de la parole.* — Cf. dans la *Revue philosophique*, t. I, la notice du docteur Howe sur l'éducation de Laura Bridgeman.

(2) Son langage intérieur est composé d'images tactiles-musculaires : quand elle est seule, elle a, — au témoignage du logicien anglais Whately, cité par M. Paul Janet, — toujours les doigts en mouvement.

CHAPITRE VII

APTITUDES DIVERSES DES ENFANTS

Avantages que procure à l'esprit la prédominance d'un genre d'images. — Aptitudes diverses des enfants. — Nécessité qui s'impose à l'éducateur de les reconnaitre. — Quelques moyens à employer dans cette étude.

Il ressort clairement des faits rapportés dans les chapitres qui précèdent que la prédominance marquée d'une catégorie d'images assure à l'intelligence la supériorité dans une direction donnée. « Le musicien est essentiellement celui qui sait entendre intérieurement des combinaisons de sons suivies ; le peintre est celui qui sait, les yeux fermés, voir nettement et brillamment des contours, des reliefs, des couleurs. Chez le premier, c'est surtout le système auditif qui imagine ; chez le second, c'est le système visuel[1]. »

(1) H. Joly, *La psychologie des grands hommes*, introduction, p. 16.

Telle est la raison pour laquelle dans les diverses
branches d'études on constate souvent une grande
irrégularité dans les progrès d'enfants qui se trouvent placés à peu près dans les mêmes conditions [1].

Ainsi, ce n'est pas seulement à la pratique de
différents arts, peinture, sculpture, architecture,
qu'est nécessaire un pouvoir spécial de *visualisation;* dans les sciences physiques et naturelles
on y a incessamment recours. Il est difficile, en
effet, de concevoir qu'un enfant puisse jamais
devenir, par exemple, un physicien [2] ou un
chimiste de quelque mérite [3], s'il est incapable

(1) « L'inégalité des différents esprits au point de vue de
l'assimilation des leçons, dans des circonstances absolumen
identiques, est un fait constaté ; et c'est là un des obstacle:
que présente l'enseignement donné simultanément à un certain nombre d'élèves groupés dans la même classe. » (Bain
Science de l'éducation, p. 10.)

(2) « Nous ne faisons de progrès ni en astronomie, ni en
physique, ni en mécanique, si nous ne pouvons nous repré
senter, *comme en un tableau clair et bien dessiné*, les corp:
célestes avec leurs mouvements, les instruments et le:
machines avec l'agencement de leurs parties et les phases de
leur travail. Là, ce n'est assez ni du regard proprement dit
ni de la conception abstraite et du raisonnement : ce qu'i
faut, c'est l'*œil de l'esprit*, c'est une image éclairée et rectifié
par un travail intellectuel. » (H. Joly, *L'imagination*, p. 251.

(3) Par exemple, « nous ne pouvons étudier les caractère
du soufre et du platine sans avoir, en l'absence de tout échan
tillon, une vue interne de ces corps ». (E. Charles, *Psycholo
gie*, p. 377.)

de se représenter avec clarté les instruments et les expériences, les corps et leurs diverses actions et réactions ; — un zoologiste, un botaniste, un géologue, si sa mémoire ne lui conserve nettement les traits spécifiques de tel animal, de telle plante ou fleur, de telle roche qu'il a dû précédemment observer [1] ; — un médecin habile, s'il ne peut se figurer, avec les signes caractéristiques de chaque maladie, l'état des organes internes. — En anatomie, où il faut se rappeler tout un ensemble d'os, de ligaments, de muscles, de nerfs, de vaisseaux sanguins, qui ne voit également le rôle considérable que joue l'aptitude à retenir les formes et les couleurs ?

Les mathématiques, semble-t-il, exigent la même capacité de ceux qui veulent s'y livrer. Leur langage abstrait parle peu à l'oreille ; et si nous avons toutefois noté le cas d'enfants qui entendent plutôt les sons des chiffres, du moins en géométrie,

---

(1) « Pour aborder l'histoire naturelle, où il faut qu'un nombre infini de formes d'animaux et de plantes soient sans cesse présents à la mémoire et toujours sous la main, — comme elles le sont dans les compartiments d'un musée ou sur les feuilles d'un herbier, — pour des rapprochements et des confrontations de tout genre, il est évidemment indispensable d'avoir au plus haut degré le sens des formes et de leurs liaisons. » (Rabier.)

comme dans la plupart des autres branches de
cet ordre de sciences, c'est à la vue que s'a-
dressent les signes qu'elles emploient. Comme le
remarque en effet M. Bain (*L'esprit et le corps*),
« ce qui fait à la fois la gloire et la difficulté de
la science, c'est sa généralité. Aussi a-t-elle recours
à des termes très abstraits et à des symboles
bizarres, qui ont tous *un caractère représentatif*.
Lorsque, dans l'étude des sciences, un objet quelconque est cité, ce n'est jamais pour lui-même ;
si le professeur montre un levier, l'élève ne doit
pas se contenter de le bien regarder et de n'y
plus penser. L'esprit *qui ne sait pas se représenter*,
en même temps que le levier qu'il a vu, bien
d'autres leviers *qu'il ne voit pas*, n'est pas arrivé
à une conception scientifique[1]. »

Enfin, comment un enfant réussirait-il dans

---

(1) « Qu'on parle à l'enfant d'un mètre cube, il n'en aura
aucune notion précise que si cette notion est enveloppée, par
exemple, dans l'image d'un stère de bois. Il ne comprendra
pas bien ce qu'est une longueur de deux mètres, s'il ne se
figure un objet de cette longueur, une table, un banc. L'intelligence des idées abstraites est à ce prix : la géométrie ne
va pas sans des figures, ni le calcul sans des signes, quoique,
par habitude, on puisse arriver à *se représenter les formes géométriques* sans les tracer, et à faire des opérations compliquées sans les écrire. » (Rousselot, *Pédagogie à l'usage de
l'enseignement primaire*.)

l'étude de la géographie ou du dessin, s'il n'a le
don de se graver les cartes dans l'esprit, ou les
lignes des objets [1] ?

Les études et les professions qui supposent la

(1) « Une représentation vive des caractères de l'alphabet
sera d'un grand secours pour apprendre vite et bien à lire
et à écrire. Plus tard, dans le tracé des cartes géographiques,
dans l'étude de la géométrie, à plus forte raison dans les
exercices de dessin, les enfants bien doués sous le rapport
de l'imagination, et qu'on aura habitués à concevoir nettement les formes matérielles des objets n'auront pas de peine
à l'emporter sur leurs camarades.

Dans l'étude de l'orthographe elle-même, l'imagination représentative (mémoire visuelle) a son importance. Comment
expliquer en effet que tel enfant aussi intelligent que tel
autre, qui même a fait beaucoup plus de lectures, soit cependant moins prompt à apprendre l'orthographe? La cause
en est vraisemblablement dans la faiblesse de l'imagination
représentative. Certains enfants qui lisent vite ne suivent en
quelque sorte le texte que par la pensée, leurs yeux ne se
fixent pas assez sur les mots eux-mêmes, sur les divers éléments qui les composent. De sorte que, appelés à écrire de
mémoire un mot qu'ils ont lu dix fois, ils l'estropient, ils le
défigurent, ils n'en reproduisent pas toutes les lettres; comme
des dessinateurs maladroits qui, par défaut d'imagination,
ne savent pas représenter exactement l'objet qu'ils ont vu et
qu'ils veulent dessiner de tête...

La faculté d'imaginer est aussi d'un grand secours pour
l'étude de l'histoire, de la géographie, parce qu'elle met l'enfant en état de voir par les yeux de l'esprit, les lieux, les
événements, les hommes dont on lui parle. Elle anime l'enseignement; elle rend vivantes les idées, elle donne de la
couleur aux choses, elle est une source d'intérêt. » (Compayré,
Cours de pédagogie théorique et pratique.)

« L'enfant apprend la géographie au moyen de la carte,

représentation visuelle sont donc nombreuses [1]
D'autres, à leur tour (est-il besoin de rappele
la musique [2] ?) nécessitent une capacité très pro·
noncée de conserver les images auditives : telle
sont les langues, les langues parlées surtout
dans l'acquisition desquelles on ne ferait san
elle que bien peu de progrès ; — tel est en
core l'art par excellence, la poésie, en ce qu
regarde l'entente du rythme et de la cadence de

mais il n'aura pas à chaque instant une carte sous les yeux
pour se rappeler la géographie, il faut qu'il revoie par l
pensée l'emplacement de telle ville, le cours de tel fleuve, l
direction de telle chaîne de montagnes. » (Rousselot.)

(1) Elle « n'est pas moins utile pour l'apprentissage de
arts dans leur partie matérielle, et même des métiers le
plus modestes. Le maçon qui aligne des pierres doit avoi
l'idée de la ligne droite et voir en esprit le mur qu'il élève
le peintre, l'enseigne dont il esquisse les lettres une à une
la fleuriste la rose qu'elle est en train de façonner et qu
n'est pas encore sortie de ses doigts. » (Rousselot.) D'un mot
« il faut se peindre d'abord dans l'esprit les machines et leur
effets pour les exécuter. » (Voltaire, *Dictionnaire philoso
phique*, art. *Imagination*.)

(2) « Tout pour le musicien se résout en sons et s'exprim
par des notes, et la mesure de cette prédominance est préci
sément *celle de son aptitude musicale*. C'est par la mêm
raison qu'il est difficile aux hommes *autrement constitués* d
se rendre un compte un peu net de cet ordre de conceptions
L'intelligence analytique, quelque développée qu'elle soit, n'
suffit pas. Gœthe n'a jamais pu parvenir à rien comprendr
à la musique, malgré toutes ses conversations avec Mendels
sohn. » (E. Véron, *L'Esthétique*, p. 380.)

vers, le sentiment de l'harmonie et de la rime[1].

Quant à l'aptitude à retenir les images motrices, de quelque utilité qu'elle puisse être dans la connaissance des langues pour la production des sons[2], elle prédispose au dessin comme au modelage, à la calligraphie, à l'élocution facile[3], au

[1] « Le grand poète est *naturellement familier avec la rime* et c'est *cette familiarité* qui souvent *lui vaut ses plus heureuses inspirations.* Par exemple dans un des plus charmants passages d'Alfred de Musset :

> Si jamais la tête qui penche
> Devient blanche,
> Ce sera comme l'amandier,
> Cher Nodier!
> Ce qui le blanchit n'est pas l'âge
> Ni l'orage,
> Mais la douce rosée en pleurs
> Dans les fleurs !

Il est bien évident que c'est la rime d'amandier et de Nodier qui a suggéré cette gracieuse peinture. » (H. Joly, *Psych. des grands hommes.*)

[2] « M. Maspéro me dit qu'il prononce (entend) intérieurement, sans pouvoir les émettre au dehors, certains sons appartenant à des langues très éloignées de la nôtre. » (Note de M. V. Egger.)

[3] « Une langue, de même qu'un art mécanique, exige le concours des organes d'action et de ceux des sens : la langue parlée met en jeu la voix et l'oreille; la langue écrite emploie, en outre, l'œil et la main. *L'aptitude à bien prononcer,* ou la parole proprement dite, *est fondée en partie sur l'activité, la flexibilité et l'action graduée des muscles de la voix et de la bouche,* et sur la délicatesse de l'oreille. Une bonne mémoire générale est aussi fort importante pour une acquisition intellectuelle qui comporte tant de détails différents. » (Bain.)

F. QUEYRAT.   6

jeu prompt et sûr des instruments de musique, et particulièrement à tous les *ouvrages d'adresse* [1].

De là découle pour l'éducateur *la nécessité de reconnaître quelles images l'emportent chez un enfant* qui lui est confié. Que de talents qui, bien dirigés, auraient pu donner les fruits les plus précieux, se consument impuissants ou inutiles parce qu'ils ont été fourvoyés en des carrières pour lesquelles ils n'étaient point faits! Aussi les maîtres doivent-ils s'inspirer du conseil d'Horace aux écrivains :

> *Et versate diù quid ferre recusent,*
> *Quid valeant humeri (discipulorum)* [2].

C'est l'avis d'éminents pédagogues : « L'enfant le plus léger, dit M. Rousselot, le plus paresseux, comme le plus lourd, est toujours au fond capable de s'intéresser à quelque chose dans le cercle de ses études : *Quelle chose? Découvrez-la, et prenez-le par ce côté.* Tel qui a toutes les peines du monde à apprendre à lire, calculera facilement et par conséquent volontiers; tel pour qui la gram-

---

(1) La maladresse provient d'une mauvaise mémoire motrice.

(2) Horace, *Art poétique*, vers 39-40 : « Consultez longtemps l'esprit et les forces (de vos élèves). »

maire est une ennemie personnelle voit d'un œil plus doux la géographie. Utilisez leurs préférences qui sont des aptitudes, lancez-les dans l'ordre d'idées avec lequel leur intelligence a le plus d'affinités ; ils s'y établiront bientôt solidement... Ainsi s'expliquent ce qu'on appelle les spécialités, non seulement parmi les écoliers, mais parmi les hommes. Indépendamment de la culture générale qui constitue le fonds commun et nécessaire de toute instruction et de toute éducation, il est bien évident qu'il doit y avoir pour chaque carrière un genre d'études particulier ; il ne l'est pas moins que tel esprit préfère tel genre d'études ou d'occupations à tel autre ; ici, la spécialité procède de la vocation. » M. Bain (*ouv. cité*) dit de son côté : « L'entraînement vers un sujet quelconque, — botanique, zoologie, antiquités, musique, — est *inné en nous ;* on l'a souvent dit avec raison. *Les forces du cerveau doivent d'abord nous porter puissamment vers ce genre d'impressions,* auxquelles viendront s'ajouter des années d'études absorbantes. Nous pouvons regarder d'un œil d'envie le botaniste penché sur son herbier, et désirer nous occuper d'une étude aussi attrayante ; nous pourrions aussi bien désirer d'être Archi-

mède sortant hors de son bain ; un homme ne
peut refondre son cerveau... Nous sommes assez
disposés à nous laisser aller vaguement à l'idée
que la seule limite à nos acquisitions intellectuelles est notre manque d'application, ou quelque autre faiblesse dont nous pouvons toujours
triompher. Il existe cependant des limites bien
évidentes. Nous sommes tous incapables sur certains points : les uns n'ont aucune aptitude pour
la mécanique, les autres pour la musique, les
autres pour les langues, les autres pour les
sciences. Dans chacun de ces cas, il doit y avoir
un manque de substance cérébrale pour la classe
particulière de rapports en question [1]... *Savoir
déterminer de bonne heure les goûts naturels*

(1) Comparer E. Véron, *ouv. cité*, p. 374-375 : « Il n'y a pas
d'homme dont tous les organes soient toujours dans un équilibre parfait. La physiologie n'est pas encore assez avancée
pour nous rendre compte de toutes les différences, mais il
est certain que tous les hommes, par hérédité ou par éducation, ont reçu ou acquièrent certaines aptitudes spéciales qui
s'expliquent par la prédominance de telle ou telle partie du
centre nerveux, et cette prédominance a toujours pour effet
de les porter à user de préférence de l'organe le plus développé, celui qui constitue leur supériorité relative. Leur activité prend naturellement cette direction. C'est ce qui constitue les vocations, quand cette prédominance se manifeste
de bonne heure. C'est une observation qui s'adresse aussi
bien aux métiers manuels qu'aux autres professions, etc. »

est une question d'un grand intérêt pratique[1]. »

Trois moyens principaux se présentent à l'éducateur pour remplir cette tâche : suivre d'abord

(1) Le philosophe espagnol Jacques Balmès (*L'art d'arriver
au vrai*, ch. III), s'écrie : « Où sont les maîtres qui songent
à observer et à pousser les enfants dans la voie qui leur convient? On nous jette tous pour ainsi dire dans un même
moule. Lorsqu'il s'agit du choix d'une profession, l'on songe
à toutes choses, hormis à la chose essentielle. Que d'erreurs
déplorables, que de routines sans intelligence en matière
d'éducation ou d'instruction !

Et toutefois de quoi s'agit-il dans le choix d'une carrière?
Non seulement du succès, non seulement de la fortune, mais
du bonheur de toute la vie. L'homme qui suit la profession
pour laquelle il est né marche à grands pas et porte avec
facilité le poids du jour et de la chaleur; il jouit même au
milieu des travaux les plus rudes. Au contraire, l'infortuné
qui se voit contraint à remplir une tâche qui lui répugne et
pour laquelle il n'est point fait, doit lutter contre ses dégoûts,
violenter ses inclinations et les vaincre avant de se trouver
même au niveau de la médiocrité ; que dis-je? Avant d'arriver là, il devra combler le vide de ses aptitudes par des
efforts surhumains et le plus souvent impossibles.

Tout porte à croire que le plus grand nombre, parmi ces
hommes célèbres dont les sciences et l'humanité s'honorent,
seraient restés médiocres en dehors de leur vocation spéciale... Vaucanson et Watt ont fait des prodiges en mécanique; ils seraient sans doute restés médiocres dans les
beaux-arts ou la poésie. La Fontaine s'est immortalisé par
ses fables; on connaît son incapacité dans les affaires... Dans
les sciences, comme dans les arts, il importe de choisir, selon
l'aptitude particulière, la carrière que l'on doit suivre... Les
parents, les maîtres, les directeurs des établissements d'éducation et d'enseignement feront bien d'arrêter leur attention
sur ce point. » (*Trad.* Ed. Manec.)

6.

les progrès des enfants; — les mettre en présence d'objets divers, et observer alors leur contenance, leur manière de sentir et d'apprécier; — puis, dès qu'ils en sont capables, les faire s'examiner eux-mêmes.

En effet, dans une instruction première établie sur les plus larges bases [1], la facilité que, dès le début, l'on constatera chez l'un d'eux à retenir les mots, les dates, les figures, les couleurs, les sons, les mouvements, etc., et le goût qu'il manifestera plus ou moins vivement pour une ou plusieurs études, seront déjà un précieux indice. « Un esprit se plaît-il dans certains travaux; les recherche-t-il avec persévérance; au contraire, éprouve-t-il à s'y livrer une répugnance presque invincible et toujours renouvelée; ne nous y trompons pas : la

(1) « En imprimant à l'enseignement primaire, comme on le fait depuis quelque temps, un caractère essentiellement pratique, l'enfant de dix ou onze ans parlera ou écrira assez correctement notre langue; il aura le goût des lectures sérieuses et instructives, il saura résoudre avec promptitude et facilité les petits calculs de ménage; il aura des idées saines sur la morale et sur l'Etat, il connaîtra en gros les opérations industrielles à faire pour obtenir et travailler les matières premières... D'ailleurs, il n'aura appris sur chaque sujet que ce qui s'applique et doit être retenu : c'est peu, mais c'est assez. *Les enfants, ainsi dirigés, sentiront à douze ans leurs aptitudes.* » (Campagne, *Dict. univ. d'éducation et d'enseignement*, art. *Connaissances humaines*.)

nature l'avertit, dans le premier cas, qu'il a reçu d'elle et, dans le second, qu'elle lui a refusé, pour ce qui lui plaît ou lui répugne de la sorte, des dispositions heureuses. »' (Balmès.)

Concurremment à cette observation, on aura recours à l'épreuve suivante qui n'a pas moins d'importance : « Faites passer sous les yeux des enfants les produits divers, les œuvres remarquables de l'industrie et de l'intelligence humaine ; conduisez-les en des lieux *où l'instinct de chacun puisse être mis en présence de l'objet de son choix.* Cette méthode vous sera très utile ; elle est très sûre. La nature prise sur le fait révèle des aptitudes que l'étude la plus attentive n'aurait peut-être jamais su découvrir. Un mécanisme ingénieux attire l'attention d'un groupe d'enfants de dix à douze ans. Le plus grand nombre admire un moment et passe ; un seul s'arrête et semble s'oublier longtemps. La curiosité de son examen, les questions pleines de sens qu'il adresse, la compréhension rapide du mécanisme qui l'intéresse ainsi, tout cela ne dirait-il rien à l'observateur attentif [1] ? »

_____

(1) Balmès (*ouv. cité*). C'est, on ne l'ignore pas, devant la

Enfin, on interrogera les mêmes enfants sur la façon dont ils se souviennent d'une page qu'ils ont apprise; on leur demandera d'expliquer par exemple s'ils se représentent les mots tracés, ou s'ils retiennent plutôt leur son, — comment ils opèrent un calcul mental, etc. [1]. — Ainsi l'on comprendra sans doute à quel ordre d'études chacun d'eux est plus propre et vers quel but on

---

Sainte Cécile de Raphaël que le Corrège sentit s'éveiller sa vocation : « Et moi aussi je suis peintre ! s'écria-t-il. »

(1) Indépendamment de ces épreuves générales, on pourra recourir encore à des expériences dans le genre de celle que signale M. Binet comme moyen de reconnaître si l'on est ou non visuel (v. plus haut, p. 59). Dans son ouvrage, *Le langage et la musique*, M. Stricker avance plusieurs proposi- tions qui permettront de déterminer quelles personnes ap- partiennent au type moteur. Elles sont résumées dans la *Psychologie du raisonnement*, de M. Binet, p. 30 et suiv. Citons-en une comme exemple :

Suivant M. Stricker, d'après qui ce qu'on prend pour une image auditive, n'est qu'une image motrice, un commence ment d'articulation, on ne peut pas *se représenter auditive ment* une lettre, *l'entendre mentalement*, lorsqu'en même temps on donne aux muscles servant à l'articuler une posi tion fixe qui ne leur permet pas d'entrer en action. Ainsi on ne peut pas *penser* à la lettre B, qui est une labiale (c'est-à dire en *percevoir intérieurement le son*), si l'on tient la bouche complètement ouverte, position qui supprime le mouvemen des lèvres. Mais il est clair que si l'exécution de cet acte es impossible aux *moteurs* (et on les reconnaîtra à ce signe) elle ne présente pas la moindre difficulté pour tout individu des types *auditif* et *normal*.

doit faire tendre ses facultés afin d'arriver à une réussite à peu près certaine.

Peut-être, et ce sera, croyons-nous, le plus souvent, trouvera-t-on un enfant apte à se rappeler tout à la fois les images visuelles, auditives et motrices. Il appartient alors à un type que nous n'avons pas encore étudié, et dont nous parlerons bientôt, le type *moyen* ou *normal*. Dans ce cas même, *il est rare qu'une classe d'images ne l'emporte quelque peu sur les autres*, ce dont on devra toujours se rendre compte. De la sorte, l'éducation n'aura d'ordinaire qu'à *diriger* la nature, ce qui est moins difficile que de la *corriger* [1].

(1) Nous reviendrons (ch. ix) sur les conclusions qui précèdent et nous essaierons d'établir la tâche complète et vraie de l'éducateur. Il importe pour l'instant de bien se convaincre qu'on ne saurait *exceller* dans une étude, une profession ou un art quelconques, si l'on n'y est prédisposé par sa constitution cérébrale; vérité qu'à un point de vue particulier M. E. Véron résume très justement « en cette proposition que M. de la Palisse n'eût pas désavouée : Pour faire de la bonne musique, la première condition est d'être né musicien ».

APPENDICE. — Une remarque importante trouve ici sa place : à savoir qu'il faut également tenir compte du plus ou moins d'intelligence de chaque sujet, c'est-à-dire de sa facilité à percevoir les rapports des choses, ou à comprendre et à juger, et aussi de sa capacité d'attention et d'abstraction. Il est clair par exemple que le nombre et l'intensité des images dont le cerveau d'un artiste est hanté ne font pas seuls sa puissance et son génie. Malesherbes l'a dit avec raison : « Un homme qui n'a que de la mémoire est comme celui qui possède une palette et des couleurs ; mais pour cela il n'est pas peintre. » Des conditions nécessaires peuvent ne pas être en effet des conditions suffisantes. Donc un enfant, malgré une mémoire spéciale très développée, sera évidemment dans la branche d'études correspondante, incapable de réussir, s'il l'est de bien juger.

Quoi qu'il en soit, tenons pour établi que *c'est du côté où se manifeste la prédominance d'un ordre d'images et non ailleurs que l'éducateur devra toujours chercher.* Car, ainsi que l'observe M. Luys (*ouv. cité*, p. 234), « de même que tous les appareils sensoriels ne sont pas doués chez tous les individus des mêmes énergies, et que tel est merveilleusement doué pour la musique, tel autre pour le dessin, tel autre pour la peinture, etc., de même, en raison de cette prééminence de certaines impressions dans le *sensorium* qui constitue en quelque sorte *le tempérament cérébral de l'individu*, il résultera que, dans l'ensemble des facultés mentales, *la région cérébrale qui sera le mieux pourvue, sera la région privilégiée dans laquelle les opérations du jugement seront le mieux et le plus rapidement accomplies.* De là naîtront des jugements partiels, des compétences partielles aussi, plus exercées à juger pertinemment sur tel ou tel objet particulier. De là, suivant les individualités, ces contrastes si frappants dont nous voyons tant d'exemples quotidiens, en vertu desquels nous rencontrons des personnes qui jugent sainement sur tel ou tel sujet qu'elles connaissent à fond, sur lequel elles ont fait des études favorites, et qui sont complètement inhabiles à juger régulièrement sur une question usuelle de la vie courante. L'esprit humain, limité dans ses ressources et *tributaire des éléments nerveux aux dépens desquels il se manifeste*, n'est donc susceptible que d'efforts isolés et restreints, et c'est ainsi que dans la variété infinie de ses manifestations nous voyons combien l'homme est obligé de diviser ses forces vives, de les concentrer sur un point pour les faire agir avec régularité, et combien, en un mot, le jugement est l'opération difficile par excellence ».

CHAPITRE VIII

DANGERS QUE PEUT CRÉER LA CULTURE EXCLUSIVE D'UN ORDRE D'IMAGES

L'esprit, par leur perte, est pris au dépourvu. — Exemple : retour sur le cas du malade observé par M. Charcot. — Leur développement exagéré prédispose à l'hallucination, au délire. — Exemple : retour sur le cas du peintre cité par Wigan. — D'un défaut propre aux visuels.

Ici cependant, comme en toutes choses, il faut éviter l'excès. L'éducateur donc, loin de s'astreindre à ne cultiver chez un enfant qu'un ordre d'images, devra s'efforcer, tout en mettant à profit ses facultés naturelles, de faire concurremment épanouir celles pour lesquelles il le trouvera moins favorisé. Car le développement exclusif ou exagéré de tel genre d'images ne laisse pas, quelque avantageux qu'il puisse être pour un esprit, de l'exposer à de graves dangers. Nous

nous bornerons à signaler rapidement ceux-ci, e
à prendre comme exemples deux des cas qu
nous avons déjà rapportés.

Une personne qui jouit d'une excellente mé
moire visuelle, exclusive des mémoires auditiv
et motrice, tirera assurément de ce don, nou
en avons vu des preuves, un très heureux part
Mais admettons, comme le fait s'est d'ailleu
assez souvent produit, qu'elle vienne par acc
dent à en être privée [1], il lui sera alors très di
ficile, sinon impossible, *d'y suppléer par l*
autres images, puisque celles-ci n'auront pas é
cultivées ; et elle se trouvera, suivant une con
paraison très juste, dans la situation d'un renti
qui, assez imprudent pour avoir placé toute s
fortune sur une seule maison de banque, sera
ruiné le jour où celle-ci ferait faillite. Tel est
premier péril encouru.

On n'a pas oublié le cas relaté ci-dessus (p. 5
d'un malade auquel M. Charcot dut donner s

[1] « S'il survient une maladie qui atteigne la mémoi
la mémoire qu'on perd est généralement *celle qu'on a*
plus développée. Ce fait pourrait s'expliquer de la sorte : 1
régions cérébrales que le travail de la mémoire met en j
sont affaiblies quand elles ont été surmenées ; elles so
donc plus susceptibles d'être atteintes du mal. » (H. Mario
ouv. cité, p. 359.)

soins, et chez qui la mémoire visuelle était tout particulièrement développée. Il va précisément nous fournir un exemple du fâcheux état mental où peut être réduit à un moment donné quiconque appartient essentiellement à un type sensoriel. — De graves préoccupations commerciales l'ayant assailli, un changement profond se produisit brusquement en lui; il perdit la mémoire des formes et des couleurs, au point d'oublier des souvenirs très familiers [1], *de ne plus reconnaître*

(1) « Chaque fois que M. X... retourne à A..., d'où ses affaires l'éloignent fréquemment, il lui semble entrer dans une ville inconnue. Il regarde avec étonnement les monuments, les rues, les maisons, comme lorsqu'il y arriva pour la première fois. Paris, qu'il n'a pas moins fréquenté, lui produit le même effet... Il a autrefois plusieurs fois dessiné la rade d'A..., il essaie aujourd'hui en vain d'en reproduire les lignes principales, qui lui échappent complètement. — Le souvenir visuel de sa femme, de ses enfants est impossible. Il ne les reconnaît pas plus d'abord que la rade et les rues d'A..., et alors même qu'en leur présence, il y est parvenu, il lui semble voir de nouveaux traits, de nouveaux caractères dans leur physionomie. — Il n'est pas jusqu'à sa propre figure qu'il oublie. Récemment, dans une galerie publique, il s'est vu barrer le passage par un personnage auquel il allait offrir ses excuses et qui n'était que sa propre image réfléchie par une glace. — M. X... semble préoccupé plus que du reste de la perte visuelle des couleurs. « Ma femme, dit-il, a les cheveux noirs, j'en ai la plus parfaite certitude. Il y a pour moi impossibilité complète de retrouver cette couleur en ma mémoire, aussi complète que celle de m'imaginer sa personne et ses traits. » — Cette amnésie

même, dans une glace, sa propre image et d'être incapable de rien dessiner de souvenir. Dès lors, ce malade dut, pour retenir par exemple une série de phrases, *les lire à haute voix plusieurs fois* et affecter ainsi son oreille ; quand désormais il les répétait, il avait nettement la sensation de l'*audition intérieure*, précédant l'émission des paroles, sensation qu'il ne connaissait pas autrefois. « Je suis obligé, écrivait-il, de me dire les choses que je veux retenir dans ma mémoire, tandis qu'auparavant j'avais seulement à les photographier par la vue. »

Ici, comme il apparaît, l'éducation a dû être refaite en quelque sorte tout entière. Le même accident peut, dans la sphère qui leur est propre, se produire chez l'auditif pur et chez le moteur [1].

visuelle s'étend d'ailleurs aussi bien aux choses de l'enfance qu'aux choses plus récentes. M. X... ne sait plus rien *visuellement* de la maison paternelle. Ce souvenir lui était très présent autrefois, il l'évoquait souvent. — Un détail intéressant est que, *dans ses rêves*, M. X... n'a plus comme autrefois la représentation visuelle des choses. Seule, la représentation des paroles lui reste... »

(1) Pour se rendre compte du déchet que cause dans l'activité mentale la perte d'une ou de plusieurs images verbales, voir l'ouvrage déjà cité de M. G. Ballet. — Voir notamment, pour la perte des images motrices d'articulation et d'écriture, les chap. IX et X.

Mais un autre danger est à craindre, non moins grave assurément, pour ceux qui n'ont jamais fait appel qu'à une sorte de représentations. L'image auditive par exemple peut s'imposer à l'esprit avec une vivacité et une persistance telles qu'elle devient tout à fait importune. A qui de nous n'est-il arrivé (pour peu qu'il soit apte à conserver cet ordre de souvenirs) d'être poursuivi des heures entières par quelque refrain finalement insupportable[1]? « Théophile Gautier, raconte

Du reste, les images motrices de tout ordre peuvent également être abolies : ainsi certaines personnes perdent la mémoire des mouvements à accomplir pour fumer, coudre, broder, etc. — M. Charcot a relaté le cas « d'un joueur de trombone qui avait perdu le souvenir des mouvements associés de la bouche et de la main, nécessaires au jeu de l'instrument. Toutes les autres mémoires motrices étaient intactes chez lui, sauf celle-là. Ce musicien avait oublié le maniement du trombone, comme d'autres ont oublié celui de la plume. »

(1) Un musicographe distingué de la première moitié du siècle, M. J.-L. d'Ortigues, écrivait en 1855 (*Une symphonie sans orchestre*) : « Après une promenade dans la campagne, où j'avais entendu les chants de la fauvette, je vins m'asseoir dans un vaste fauteuil, auprès de la cheminée, écoutant encore en esprit les chants de l'oiseau, qui, quelques instants auparavant, avaient frappé mon oreille ; ce chant réveilla dans mon âme les mélodies de la *Pastorale*, et me voilà assistant à une merveilleuse exécution de cette symphonie. Rien n'y manqua. Quelle puissance d'intonation ! quelle précision ! Seulement les voix du grand orchestre de la nature venaient de temps en temps s'adjoindre à l'or-

M. Taine, passant un jour devant le Vaudeville,
lit sur l'affiche : « La polka sera dansée par
M... » Voilà une phrase qui s'accroche à lui, et
que désormais il pense incessamment et malgré
lui, par une répétition automatique. Au bout de
quelque temps, ce n'est plus une simple phrase
mentale, mais une phrase composée de sons arti-
culés, munis d'un timbre et en apparence exté-
rieurs. Cela dura plusieurs semaines, et il com-
mençait à s'inquiéter, quand, tout à coup,
l'obsession disparut. » Or l'image, au lieu de
n'être qu'une obsession momentanée de ce genre,
revêt quelquefois chez l'auditif le caractère de la
sensation même, l'extériorité, devient en un mot

chestre de Beethoven. C'est ainsi que la bête (pour parler
comme Xavier de Maistre) me donne des concerts, et je lui
sais gré de s'emparer, à l'insu de sa compagne absente, tantôt d'un lambeau de mélodie, tantôt d'un rythme qu'elle saisit je ne sais où, et de me construire sur ce rythme ou sur
ce lambeau de mélodie tout un édifice *sonore*, la symphonie en
la ou bien l'*héroïque*. Mais cette bête a parfois d'irritantes fan-
taisies, des caprices impatientants... *Combien de fois me ré-
pète-t-elle à satiété, et pendant des journées entières, quelque
ignoble refrain des orgues de Barbarie, sans qu'il y ait moyen
de se soustraire à cette obsession!* La machine est montée, il
faut qu'elle aille son train impitoyablement. Il y a plus : le
sommeil n'y peut rien. Le lendemain, la fatale mélodie me
prend à mon réveil, et plus je m'agite pour la secouer, et
plus elle se cramponne. »

une véritable hallucination de l'ouïe. L'histoire en fournit des exemples fameux : le démon de Socrate, le messager céleste de Mahomet, les voix de Jeanne d'Arc, le génie familier du Tasse, le diable de Luther, sans compter la voix de Dieu de Malebranche [1].

Malheureusement pour l'humanité et l'individu, les hallucinations de l'ouïe sont loin d'avoir toujours d'aussi favorables conséquences. Il suffit pour s'en convaincre d'ouvrir les divers traités de pathologie mentale [2].

Indépendamment de la folie possible en général, peut-être même que la prédominance d'une catégorie d'images crée un ordre de délire cor-

---

(1) Consulter sur ces différents cas : Lélut, *Le démon de Socrate ;* — Brierre de Boismont, *ouv. cité ;* — Egger, *ouv. cité.*

(2) On en trouvera d'ailleurs des preuves nombreuses dans quelques-uns des ouvrages que nous avons cités. — « Les malades se plaignent souvent d'*entendre parler leurs pensées,* et il leur arrive de s'imaginer qu'une multitude de voix leur adressent la parole en même temps. » (J. Sully). Ces « voix qui leur parlent ou qui parlent d'eux donnent la réplique à leurs pensées secrètes, leur suggèrent des idées sacrilèges ou obscènes, les avilissent, les menacent tour à tour ». (Maudsley, *Physiologie de l'esprit,* p. 277.) De telles hallucinations, lorsqu'elles se produisent en dehors de la folie, ont fréquemment pour conséquences l'inquiétude, la défiance, la crainte, par fois même le suicide.

respondant. S'il en est réellement ainsi, les individus atteints par exemple du délire de persécution appartiendraient au type auditif; et de la sorte, comme le remarque M. Binet, un visuel pur ne deviendrait jamais un *persécuté*, car, dans le délire des persécutions, on ne rencontre d'ordinaire, selon l'observation de Lasègue, que des hallucinations de l'ouïe. Le persécuté ne voit pas ses persécuteurs, il ne fait que les entendre.

Le développement exagéré de l'image visuelle expose ceux en qui il existe à des périls analogues [1]. Le peintre dont, d'après Wigan, nous avons rapporté l'histoire, va nous servir ici de preuve. Il était, on se rappelle, capable de se représenter un modèle absent avec la même vivacité que s'il l'eût eu réellement devant lui.

(1) Le jeune homme de Michéa (voir ci-dessus, p. 12) était un monomane. Dans un ouvrage des plus instructifs et des plus intéressants, MM. Binet et Féré écrivent : « La plupart des malades qui nous ont servi de sujets pour nos expériences d'hallucination (hypnotiques) possèdent à un haut degré, pendant l'état de veille, le don de se représenter les objets sous une forme sensible... Nous croyons que les individus ayant le don de *visualiser*, pour employer l'expression de M. Galton, se prêtent mieux que les autres aux hallucinations visuelles. Lorsque nous prions un de nos sujets de se figurer une personne absente, il nous déclare bientôt qu'il voit cette personne avec autant d'intensité que si elle était devant ses yeux. » (*Le magnétisme animal*, p. 164.)

Mais peu à peu une confusion se fit dans son esprit ; il lui devint impossible de distinguer la figure imaginaire de la figure réelle, et il soutenait que le modèle avait posé réellement ; finalement il dut entrer dans un asile et y resta pendant trente ans. Quand il en sortit (bien que de cette longue période il n'eût gardé aucun souvenir, si ce n'est des derniers mois), il possédait encore cette même faculté de peindre de mémoire ; ses amis l'empêchèrent toutefois de travailler, par crainte d'un nouvel accident [1].

Il est un défaut, propre aux visuels, que nous ne ferons qu'indiquer et qui a été signalé par Malebranche (*Recherche de la vérité*, livre II, *De l'Imagination*, III⁰ partie, chap. I, § 5). Parlant

(1) Voir également dans l'ouv. de M. B. de Boismont, p. 28-29, un cas d'imagination visuelle excessive, dont le résultat fut encore plus déplorable ; et p. 463, relatée la description, due à Th. Gautier, de l'état maladif bizarre, de l'espèce de *coma*, déterminé momentanément chez H. de Balzac, par cette *vision obsédante*, dont nous avons parlé plus haut (p. 52). — Les dangers que nous signalons ne sont évidemment pas très communs, du moins à un tel degré d'intensité, quoique assurément les *cerveaux déséquilibrés* ne soient pas précisément des exceptions. Mais le grossissement permet de mieux saisir ce qui dans la réalité même reste toujours très réduit. Telle est aussi la raison qui justifie, pour la connaissance des types sensoriels divers, l'exposition de leurs caractères extrêmes.

des « mauvaises qualités des esprits visionnaires », ce philosophe écrit : « Ces esprits sont
excessifs en toutes rencontres ; ils relèvent les
choses basses, ils agrandissent les petites, ils
rapprochent les éloignées. *Rien ne leur paraît tel
qu'il est*, etc. [1] » — A côté, il est vrai (V. ibid.,
§ 6), sont signalés leurs « avantages » : « Ceux
qui imaginent fortement les choses, *les expriment avec beaucoup de force* et persuadent tous
ceux qui se convainquent plutôt par l'air et par
l'impression sensible, que par la force des raisons, etc. » — On lira avec intérêt, dans Malebranche même, les excellentes pages où sont
développées ces considérations.

---

(1) On connaît la raillerie aimable que le spirituel auteur
de *Tartarin* et de *Numa Roumestan* a faite de ce léger tra-
vers auquel seraient enclins certains de nos compatriotes
du Midi, et le sage conseil qu'il donne de « mettre au point »
quand on les écoute.

CHAPITRE IX

LE TYPE MOYEN OU NORMAL. SA SUPÉRIORITÉ RELATIVE
NÉCESSITÉ D'ÉQUILIBRER LES IMAGES

Le *type moyen* ou *normal*. — Exemple de M. Taine. — *Mémoire, imagination, raisonnement* et *langage intérieur* de l'individu normal. — Supériorité relative de ce type : périls moindres; aptitudes variées : les hommes de la Renaissance : Léonard de Vinci, Benvenuto Cellini, etc. *Nécessité d'équilibrer les images.*

Si des dangers aussi graves que ceux que nous avons constatés dans le chapitre précédent, sont à redouter du développement par trop inégal des diverses espèces d'images, il est clair, malgré les avantages qu'assure la prédominance de l'une d'entre lles, que l'esprit, en qui elles s'équilibrent à peu près, se trouvera, au total, dans une meilleure situation. Or tel est le cas du *type moyen*, le plus répandu d'ailleurs, comme nous l'avons déjà dit.

Ceux qui en font partie ne sont plus principalement des moteurs, des auditifs ou des visuels, mais les trois à la fois, parce que leurs facultés de perception s'équivalent. Si, par exemple, ils se souviennent d'une personne, ils voient mentalement sa figure, aussi nettement qu'ils entendent le son de sa voix; songent-ils à une cloche, ils en retrouvent ensemble l'aspect, la résistance et le timbre ; chaque objet leur apparaît de même avec toutes ses qualités connues : forme, solidité, couleur, sonorité, etc. Bien entendu, la variété de ces représentations est susceptible d'une foule de degrés; tout en se trouvant à peu près égales, en effet, les *mémoires* visuelle, auditive, motrice, peuvent être très développées, ou au contraire être restées en quelque sorte à l'état rudimentaire.

M. Taine appartient à ce type, comme on peut en juger par les passages suivants du livre admirable de l'*Intelligence : « Je n'ai, écrit-il en une langue d'un merveilleux coloris, qu'à un degré ordinaire la mémoire des formes, à un degré un peu plus élevé celle des couleurs. Je revois sans difficulté, à plusieurs années de distance, cinq ou six fragments d'un objet, mais non son contour précis et complet ; je puis retrouver un peu mieux la blancheur d'un sentier de sable dans la forêt de Fontainebleau, les cent petites taches et raies noires dont les brindilles de bois le parsèment, son déroulement tortueux, la rousseur vaguement rosée des bruyères qui le bordent, l'air misérable d'un bouleau rabougri qui s'accroche au flanc d'un roc ; mais je ne puis tracer intérieurement l'ondulation du chemin, ni les saillies de la roche ; si j'aperçois en moi-même l'enflure d'un muscle végétal, ma demi-vision s'arrête là ; au-dessus, au-dessous, à côté, tout est vague ; même dans les représentations involontaires qui sont les plus vives, je ne suis qu'à demi lucide. » (t. 1, p. 78-79.)

Les images auditives paraissent cependant chez M. Taine plus intenses que les visuelles : « Tout à l'heure, pensant à une représentation du *Prophète*, je répétais silencieusement en moi-même la pastorale de l'ouverture, et je suivais, j'ose dire, *je sentais presque*, non seulement l'ordre des sons, leurs diverses hauteurs, suspensions et durées, non seulement la phrase musicale répétée en façon d'écho, mais encore le timbre perçant et poignant du hautbois qui la joue, ses notes

aigres, tendues, d'une âpreté si agreste, que les
nerfs en sursautent, pénétrés d'un plaisir rude
comme par la saveur d'un vin trop cru. » (P. 84.)

Dans son langage intérieur, les images musculaires occupent une large place : « Lorsqu'une
pensée arrive en notre esprit, comme elle est
une parole mentale, nous sommes tentés de l'énon-
cer tout haut ; le mot nous vient aux lèvres ;
même nous sommes obligés de nous retenir pour
éviter de le prononcer ; parfois, si l'idée est très
vive et très nette, nous prononçons le nom malgré nous. L'*articulation pensée* est contiguë à
l'articulation effective. » (P. 279.)

Plus loin (et nous trouvons réunies ici les diverses images), M. Taine ajoute : « Il y a des
jours où, sans le vouloir, nous repassons en esprit un morceau de notre vie, telle *journée de
voyage*, telle *soirée d'opéra*, telle *conversation
intéressante*... Je me rappelle en ce moment une
soirée passée à Laveno, sur le lac Majeur, et je
revois mon dîner d'auberge, la grosse nappe
toute blanche, la jolie servante effarée ; puis, un
peu après, le sentier tortueux parmi les thyms et
les lavandes, le lac d'un gris bleuâtre sous une
enveloppe moite de vapeur, les plaques de lu-

mière, les traînées scintillantes, les broderies
d'argent qu'un rayon égaré semait çà et là sur la
nappe unie, le bruissement imperceptible des
petits flots qui venaient mourir sur la grève, et
les clochettes des vaches qui tintaient çà et là
dans le silence. » (T. II, p. 140-141.)

D'une manière générale, la nature du *langage
intérieur* de l'individu normal est caractérisée
dans les paroles suivantes du profond psychologue
que nous venons de citer : « A l'état normal, nous
pensons tout bas par des mots mentalement en-
tendus, ou lus, ou prononcés ; et ce qui est en
nous, c'est l'image de tels sons, de telles lettres
ou de telles sensations musculaires et tactiles du
gosier, de la langue et des lèvres. » (T. II, p. 25.)
Néanmoins, comme il n'est pas nécessaire, quoique l'on soit doué à la fois des mémoires visuelle,
auditive et motrice, de les faire concourir toutes
trois simultanément à l'acquisition des images
verbales, les mots, chez la plupart d'entre nous,
peuvent, suivant qu'ils sont acquis par les yeux,
par l'oreille ou par la récitation, être retenus de
telle façon, non de telle autre.

Lorsque (si l'on veut me permettre cette observation personnelle) j'évoque quelques souvenirs

littéraires, leur réviviscence affecte parfois des formes très dissemblables. Ainsi, tandis qu'il me semble *voir* encore et lire les premiers vers du second chant de Lucrèce, je *parle* plutôt le dialogue de la première *Bucolique*, je l'*articule* très nettement ; me reporté-je au contraire à notre hymne national, j'en *entends* résonner les strophes guerrières. Cette diversité dans la remémoration provient, à n'en pas douter, du mode d'acquisition : la mémoire visuelle conserve les souvenirs qui ont été appris à la lecture, la mémoire motrice ceux qui ont été appris à la récitation, et la mémoire auditive ceux qui ont été appris à l'audition.

Ne nous est-il arrivé jamais de ne pouvoir de prime abord débiter couramment les vers d'une romance dont nous avons retenu les couplets en l'entendant chanter et que nous-mêmes avons chantée ? La raison de ce fait est que nous nous souvenons, non des images verbales visuelles, mais d'une suite rythmée de sons et peut-être de certains mouvements plus ou moins lents d'articulation.

C'est pourquoi bien des personnes comprennent une langue à l'audition, qui sont incapables

de le faire à la seule lecture, et réciproquement.
Voici un cas de ce genre observé par M. Ballet :
« Un de mes amis, dit-il, qui sait bien l'anglais
et l'allemand, me raconte ce qui suit : « Je suis
« à la fois visuel et auditif pour l'anglais ; je le lis
« et l'entends avec une égale facilité ; cela tient à
« ce que j'ai appris la langue par la conversation
« d'abord, puis par la lecture. Il en est tout autre-
« ment de l'allemand que j'ai beaucoup entendu
« parler et fort peu lu. Aussi, s'il m'arrive de vou-
« loir déchiffrer un passage de littérature alle-
« mande, j'éprouve à le faire une certaine difficulté
« lorsque je me borne à la lecture mentale ; je
« comprends bien, au contraire, lorsque je puis
« lire le morceau à voix haute. » Mon ami est
donc à la fois auditif et visuel pour l'anglais, il est
pour l'allemand à peu près exclusivement auditif. »

Somme toute, en ce qui regarde les mots, tantôt l'individu normal se rappelle leur son, ou bien
les caractères écrits ou imprimés qui les constituent, ou encore les mouvements qu'il exécute
quand il les trace ou les prononce, et tantôt
toutes ces images ensemble.

De même, s'il *imagine* ou *raisonne*, il emploie,
suivant les sujets et d'après son expérience ou

ses études antérieures, les diverses images en des proportions plus ou moins variées.

On voit aisément par là quels avantages assure à un esprit la pondération des images. D'abord, *le danger de l'hallucination est beaucoup moins à craindre,* puisque le développement de chacune d'elles est naturellement modéré. En outre, que par l'effet d'une lésion cérébrale quelconque, une forme de représentations vienne à s'effacer, *les autres la suppléeront dans une certaine mesure.* Ce qui sera perdu, je suppose, du côté de la vue se retrouvera du côté de l'ouïe. Ainsi, des malades frappés de cécité ou de surdité verbales feront usage des images motrices pour remplacer ce qui leur manquera d'autre part. Exemple : « Un individu atteint de cécité verbale ne parvient plus à lire les caractères qu'on lui place sous les yeux, bien que la vision soit intacte, ou suffisante pour permettre la lecture... Le malade ainsi mutilé peut cependant arriver à lire, mais indirectement, au moyen d'un détour ingénieux, que souvent il trouve de lui-même ; il lui suffit de dessiner les caractères avec le doigt pour parvenir à en comprendre le sens. Que se passe-t-il en pareille circonstance ? Par quel mécanisme peut-il s'établir une suppléance entre l'œil et la main? La clef du problème nous est donnée par l'image motrice. Si le malade peut lire, en quelque sorte, avec ses doigts, c'est qu'en décrivant les caractères, il se donne un certain nombre d'impressions musculaires qui sont celles de l'écriture ; or, l'image motrice graphique suggère le sens des caractères écrits, au même titre que l'image visuelle. » (Binet.) Nous avons par ce cas tout particulier un exemple de ce qui se produirait dans l'ensemble des opérations de l'esprit, si un ordre d'images venait à faire défaut.

Mais l'avantage d'être exposé à de moindres périls n'est pas le seul qui résulte du développement harmonieux des diverses espèces d'images. Les aptitudes de l'individu normal ne sont plus restreintes comme celles de l'auditif ou du visuel ; puisqu'il n'a pas précisément de spécialité, *il se trouve propre à toutes sortes d'études.* Et s'il a moins de chances d'exceller en chacune d'elles, que celui qui y est prédisposé par sa constitution cérébrale, cette infériorité relative est plus que compensée quand on songe à la variété de ses moyens. N'a-t-on pas vu parfois même, réunis chez une personne, les talents les plus divers et

au degré le plus éminent ? Rappelons les hommes
de la Renaissance : Leo-Batista Alberti [1], Andrea
Verrochio [2], Léonard de Vinci [3], Benvenuto Cellini [4], etc.

(1) Théologien, littérateur, poète, mathématicien, architecte,
peintre, sculpteur, etc.

(2) « Doué de talents nombreux et d'une activité peu commune, il fut en même temps orfèvre, statuaire, graveur,
peintre et musicien, mais il avait une préférence marquée
pour la sculpture. » (Alf. Michiels, *L'architecture et la peinture en Europe depuis le IVe siècle jusqu'à la fin du XVIe*,
p. 168.)

(3) « Jamais un homme n'eut un esprit si souple et des
talents si variés : non seulement il cultiva la peinture, la
statuaire et l'architecture, mais il déploya une habileté peu
commune dans les mathématiques, la mécanique, l'hydrosta-
tique, la musique et la poésie ; bien mieux, il excellait dans
le maniement des armes (l'escrime), l'équitation et la danse. »
(*Ibid.*) — Il possédait aussi de grandes connaissances en
anatomie, en philosophie et dans toutes les branches de la
littérature.

(4) « Cellini était devenu excellent joueur de flûte et de
cornet malgré lui, ayant horreur de ces exercices et ne s'y
appliquant que pour contenter son père. Outre cela, de très
bonne heure, il fut excellent dessinateur, orfèvre, nielleur,
émailleur, statuaire et fondeur. En même temps il se trouva
ingénieur et armurier, constructeur de machines, de fortifi-
cations, chargeant, maniant et pointant les pièces mieux que
les hommes du métier,... excellent tireur d'arquebuse, il
fabriquait lui-même ses armes et sa poudre et il atteignait à
balle un oiseau à deux cents pas. Son génie était si inventif,
qu'en tout art et en toute industrie il découvrait des procédés particuliers dont il faisait secret et qui excitaient l'admiration de tout le monde... — Il trouvait exemple dans sa
famille. Son père était architecte, bon dessinateur, musicien

Aussi nombre de pédagogues condamnent-ils la culture exclusive ou excessive de certaines facultés au détriment des autres. « L'équilibre des facultés, dit M. Guizot, est dans l'intelligence humaine ce qu'est dans le monde physique l'équilibre des forces : il maintient l'ordre sans gêner le mouvement. Toute faculté assez puissante pour suspendre ou enchaîner l'action des autres facultés, est un despote, et pour être sain l'esprit a besoin d'être libre. »

Après avoir cité ces paroles, M. Compayré ajoute : « Défions-nous des esprits où certaines dispositions intellectuelles dominent exclusivement et étouffent les autres. Quand certaines facultés rompent l'équilibre, le génie, il est vrai, surgit parfois ; mais le plus souvent, ce qui résulte de cette éducation inégale, c'est l'incohérence, c'est le désordre, c'est l'impuissance.

---

passionné, jouant de la viole et chantant seul pour son plaisir; il fabriquait des orgues de bois excellentes, des clavecins, des violes, des luths, des harpes ; il travaillait bien l'ivoire, il était très habile dans la construction des machines, jouait de la flûte parmi les fifres de sa seigneurie, savait un peu de latin et faisait des vers. » (TAINE, *Philosophie de l'art. — La peinture de la Renaissance en Italie,* p. 212, 213.) Benvenuto Cellini a laissé quelques écrits sur les arts, et des *Mémoires* que Gœthe a traduits en allemand.

« L'idéal d'une bonne éducation intellectuelle es
un esprit où toutes les facultés occupent une plac
proportionnée à leur valeur et à leur importance
comme l'idéal d'une bonne éducation physiqu
est un corps complet, où tous les organes son
harmonieusement développés, où toutes les fonc
tions concourent régulièrement à la vie... Il n
convient donc pas de suivre avec une complai
sance absolue le courant de la nature et, quan
un enfant témoigne de dispositions particulières
d'abonder.pour ainsi dire dans son sens, de l'ap
pliquer de préférence aux choses pour lesquelle
il a une aptitude plus marquée. »

M. Rousselot conclut de même : « Les spécia
lités doivent être surveillées de près et, à moin
qu'elles ne se prononcent avec un caractèr
exceptionnel d'intensité, n'être favorisées qu
comme un point de départ chez les uns, un en
couragement chez les autres, un stimulant pou
tous. »

Comment concilier ces conclusions avec celle
que nous avons formulées plus haut[1]? Par cett
simple remarque qu'il est un double abus à éviter

---

(1) V. ci-dessus, ch. vii.

surmener une faculté déterminée[1], *négliger de mettre à profit* une heureuse disposition naturelle. Si le premier devoir de l'éducateur est de reconnaître les aptitudes propres de l'enfant pour l'aider et le diriger dans la voie où le pousse la nature, ce dont on aura généralement lieu de se féliciter[2], il doit aussi s'efforcer de *développer en lui les facultés qui sont reléguées à l'arrière-plan.* Malgré tout, en effet, le *type moyen étant le type normal,* le type sain et bien équilibré, c'est vers lui qu'il faut tendre. Nous allons, dans un dernier chapitre, examiner quelques-uns des procédés par lesquels l'éducateur pourra arriver à ce but.

(1) Telle est en effet la cause probable de l'avortement si fréquent des *enfants prodiges.*

(2) On sait, du reste, avec quelle force irrésistible se manifeste souvent une vocation méconnue et même contrariée; la biographie des grands hommes abonde en cas de ce genre. Voltaire ne resta-t-il pas quelques mois clerc chez un procureur, et A. de Musset commis chez un banquier!

CHAPITRE X

DE QUELQUES PROCÉDÉS PROPRES A ASSURER L'ÉQUILIBRE DES IMAGES

Procédés possibles : — 1º Association des ordres d'images faibles à l'ordre d'images fortes. — 2º Culture spéciale de chacun d'eux ; — acuité exceptionnelle des sens : exemple des aveugles, des sourds-muets, des somnambules, des hypnotisés, etc. ; — éducation du tact et du sens musculaire ou kinesthétique, — de la vue : méthode de Lecoq de Boisbaudran, — de l'ouïe. — 3º Culture simultanée des diverses mémoires ; — moyens préconisés par quelques pédagogues ; — exercices divers.

Nous n'avons pas, on le comprend, l'intention de déduire toutes les conséquences pratiques que l'on peut tirer des faits contenus ici, ni de montrer toutes les applications qu'on peut en faire. Une pareille entreprise ne tendrait à rien moins qu'à composer, en ce qui concerne l'*éducation intellectuelle* des enfants, un traité presque complet de pédagogie, alors que cette étude n'en saurait être à la vérité que la préface. Du reste, ces applications apparaissent assez clairement d'elles-mêmes, et plusieurs sont déjà mises en pratique, comme on peut s'en convaincre par l'examen des divers procédés d'enseignement que préconisent les meilleurs pédagogues ; nous en citerons plusieurs exemples. Observons seulement que, quelles que soient les méthodes employées, l'on devra profiter d'abord de la prédominance d'une catégorie d'images pour en tirer le meilleur parti possible et pour faciliter en même temps le rappel des autres ; puis, tout en cultivant chaque espèce d'entre elles prise à part, utiliser simultanément celles qui peuvent concourir à un même exercice. Nous allons brièvement examiner ces divers points.

L'éducateur a-t-il une fois constaté chez un enfant une aptitude à retenir tel genre d'images plutôt que tel autre, il doit partir de là pour l'aider à se rappeler les images à la conservation desquelles son cerveau est moins propre. Ainsi sera pratiquée la vraie mnémotechnie. Par exemple, si dans le souvenir qu'il a d'un objet, un enfant se remémore avec promptitude et vivacité l'image visuelle, la réviviscence aisée de cette dernière, en même temps que très avantageuse en soi, lui sera d'une utilité d'autant plus grande qu'on aura eu soin de lui apprendre à y rattacher, grâce à des associations répétées, les images auditives et motrices, parce que *le rappel de la première amènera celui des deux autres*. En effet, « la propriété qu'ont les ébranlements sen- soriels conçus à la même époque et constituant en quelque sorte comme des familles naturelles, est d'une grande ressource pour l'éducation de l'esprit et la culture méthodique de ses facultés ; elle permet, lorsqu'une série de souvenirs, une série d'idées, de faits expérimentaux, de prin- cipes scientifiques, ont été imprimés en lui d'une façon contemporaine, *de pouvoir les évoquer arti- ficiellement*, en se contentant de faire appel au premier des souvenirs de la série qui est en quelque sorte la tête de ligne. » (Luys.)

Tel est donc, avec l'aptitude prononcée pour une science, un art ou une profession spéciale, le bénéfice à retirer du développement particulier d'un ordre d'images. Mais il faut aussi, avons- nous dit, tout en tenant compte chez un enfant de cette aptitude, en la fortifiant même, ne pas négliger les imaginations qui naturellement sont chez lui plus faibles. Un exercice assidu sera ici très profitable. On sait en effet quelle puissance peut atteindre la mémoire quand elle est exercée ; négligée, au contraire, elle diminue et se perd. Nous avons de la sorte jusqu'à un certain point la *possibilité de corriger les effets de l'hérédité.* « Les philosophes, écrit M. Marion [1], sont à peu près d'accord pour dire que la mémoire que l'on possède le plus est celle qu'on a le plus exercée, en d'autres termes, qu'on se fait jusqu'à un certain point soi-même sa mémoire. S'il en est ainsi, c'est une raison pour cultiver particulièrement la mémoire dont on manque, au lieu de se figurer qu'il y a inaptitude radicale, par une volonté invincible de la nature, et que le mal est irrémédiable.

« Cependant, observe judicieusement ce psychologue, dès le berceau, ou du moins dès l'école primaire, ces diverses aptitudes se manifestent. L'explication proposée serait donc insuffisante si elle signifiait que la mémoire est entièrement notre œuvre. Il y a là un des cas les plus certains

[1] *Ouv. cité*, p. 358-359.

où se remarquent des prédispositions natives et héréditaires. Mais *la même explication vaut encore ici : il suffit de la compléter.* Ceux-là, dit Spencer, ont, par exemple, la mémoire des lieux, dont les ancêtres ont vécu le plus longtemps dans les conditions d'existence où s'exerce sans cesse et nécessairement cette mémoire [1]. Jamais un sau-

_____

(1) Les effets que nous avons attribués à l'hérédité (ch. III), se ramènent ainsi en définitive à une première fonction développée par l'exercice habituel chez un ou plusieurs ancêtres. — Peut-être pourrait-on par cette mémoire des lieux *héréditaire* expliquer la faculté en quelque sorte mystérieuse (et dont Bastian fait un sens spécial, le *sens de direction*) que possèdent les animaux et même quelques races humaines sauvages ou demi-sauvages, de garder dans l'esprit une *direction connue*, au milieu d'un grand nombre de changements de direction. « D'après Darwin, von Wrangel a rapporté la manière réellement merveilleuse dont les indigènes de la Sibérie septentrionale sont capables de garder une direction exacte vers un point particulier, bien que parcourant des distances considérables sur la glace des hummocks; obligés, par conséquent, à d'incessants changements de direction, et sans avoir rien qui les guide dans le ciel ou sur la mer glacée. » Les Indiens de l'Amérique du Nord montrent une facilité semblable à trouver leur route au milieu d'immenses espaces montagneux, et si densément boisés que la vue ne peut guère pénétrer au delà de quelques mètres, ou dans les solitudes sans routes des prairies, où règne seule une lugubre uniformité.

G. C. Merrill écrit du Kansas à ce sujet :

« J'ai appris des chasseurs et des guides qui passent leur vie dans les plaines et sur les montagnes à l'ouest de nous, que, quels que soient la distance et les détours qu'ils aient

vage n'a manqué de la mémoire des lieux, pas
plus qu'un loup ou un renard : cette mémoire a
toujours été trop nécessaire, trop constamment
en jeu dans le mode de vie de ses ancêtres. »

S'employer à l'éducation des sens de l'enfant
sera (conformément à ce que nous avons établi
plus haut [1]) un moyen très sûr de fortifier en lui
le pouvoir de conservation des images, puisque
le souvenir est d'autant plus précis et durable
que la sensation a été nette et vive.

Cette éducation est nécessaire [2] et féconde à la

parcourus en chassant le bison ou un autre gibier, ils
reviennent toujours à leur camp en ligne droite. Pour l'expliquer, il disent que, *sans en avoir eux-mêmes conscience, ils
ont gardé tous les détours dans l'esprit.* »

« La perfection de cette faculté, chez les Sibériens, les
Indiens et autres à qui leur mode journalier d'existence
donne de sérieuses raisons de la cultiver, semble montrer que
la pratique peut perfectionner sous ce rapport comme sous
les autres; tandis que l'absence habituelle ou l'existence
rudimentaire de cette faculté chez les habitants des villes, qui
mènent un genre de vie artificiel et tout à fait différent, tendrait à faire supposer que *cette faculté a baissé uniquement
par manque d'usage.* » (Bastian, *ouv. cité.* — Consulter les
pages 165 à 170 du t. I.) Notre hypothèse serait l'opposé de
la dernière assertion que nous soulignons ici.

(1) Voir le chap. III.

(2) J.-J. Rousseau est le premier qui l'ait compris :
« Exercer les sens, dit-il au livre II de l'*Emile*, c'est
apprendre, pour ainsi dire, à sentir, car nous ne savons ni
toucher, ni voir, ni entendre que comme nous avons appris. »

fois ; le développement de chacun de nos sens exige en effet un apprentissage assez long, et il n'est, semble-t-il, aucun d'entre eux qui ne puisse acquérir une délicatesse extrême, comme on va le voir par quelques exemples relatifs aux sens du tact, du mouvement, de la vue et de l'ouïe, les seuls qui nous intéressent ici.

Nous n'avons, généralement, en fait de sensations *tactiles-musculaires*, qu'un discernement assez grossier ; faute d'y avoir été habitués dans notre enfance ou contraints par la nécessité, nous saisissons mal leurs nuances. Il suffit cependant d'y porter ordinairement son attention, pour arriver à les distinguer d'une façon claire et obtenir ainsi d'excellents résultats. — Les preuves abondent. A cinq ans, Joseph Kleinaus était devenu aveugle de la petite vérole. « Il s'amusa d'abord à tailler du bois pour se distraire ; il obtint de Prugg des leçons et des modèles, fit à douze ans un christ de grandeur naturelle, alla ensuite chez le statuaire Nisll, y profita beaucoup, devint célèbre. On compte quatre cents christs de sa main et un buste de l'empereur François-Joseph [1]. »

_____

(1) Voir plus haut, chap. vi, le cas analogue du sculpteur Ganibasius. — La perfection du *toucher proprement dit* a

— La difficulté que l'on éprouve à se servir de la main gauche, comparée à l'habileté de la main droite, montrerait suffisamment à elle seule quel progrès chacun de nous peut accomplir en ce genre. — « Un médecin juge de très petites inégalités dans l'intervalle des pulsations ; un employé des postes pèse une lettre dans sa main et apprécie le poids d'un gramme. » (E. Charles.) — « Les femmes jugent du mérite d'une étoffe en la palpant entre leurs doigts ; en la soupesant dans leur main, elles jugent si une miche de pain ou une livre de beurre ont le poids pour lequel elles sont vendues. » (Rousselot.) — « L'homme bien portant, dit le docteur Fernand Lagrange [1], peut arriver, en exerçant son sens

---

dépassé chez quelques aveugles toute imagination. « Saunderson, le mathématicien aveugle, dit Abercrombie, pouvait distinguer avec la main, dans une série de médailles romaines, celles qui étaient vraies et celles qui étaient fausses. » — « Beaucoup d'aveugles paraissent sentir avec la peau, comme les chauves-souris, la proximité d'un obstacle, et il apprécient de la même manière l'étendue plus ou moins grande d'un espace vide. » (Joly.) — D'ailleurs, « il suffit de voir les aveugles lire avec leurs doigts les livres imprimés en relief aussi rapidement que nous lisons les livres imprimés à l'encre, pour comprendre tout le discernement que notre toucher eût pu avoir et qu'il n'a pas ». (Taine, *ouv. cité*, t. II, p. 182.)

(1) *Physiologie des exercices du corps*, p. 19.

musculaire, à des résultats surprenants. L'adresse des jongleurs et des équilibristes est due à la culture de ce sens et à l'éducation des muscles antagonistes. »

Le sens de la *vue* est susceptible du même perfectionnement. Les peintres, les ouvriers en tapisserie, en mosaïque, distinguent des nuances nombreuses où notre œil n'aperçoit guère qu'une seule couleur. Les sourds et muets acquièrent (et c'est aujourd'hui presque partout la base de leur éducation) l'habitude de comprendre ce qu'on leur dit, en regardant le mouvement des lèvres de l'interlocuteur. Dans une intéressante préface à l'ouvrage de H. de Meyer, *Les Organes de la parole*, le traducteur, M. Claveau, cite, d'après le chevaler anglais Digby, le cas d'un seigneur espagnol sourd-muet qui « savait distinguer si on lui parlait à voix haute ou à voix basse et pouvait répéter après toute personne n'importe quel mot difficile. Le prince (de Galles) en fit souvent l'expérience, non pas seulement au moyen de la langue anglaise, mais encore en faisant prononcer devant lui, par des Gallois de la suite de Son Altesse, divers mots de leur langue. Il les répétait comme un écho si parfait que je

confesse en avoir été étonné plus que de tout
le reste : le gallois, en effet, emploie, comme
l'hébreu, beaucoup d'articulations gutturales, et
les mouvements organiques qui forment ces articulations ne sont visibles ou du moins devinés
par le regard que par l'effet consécutif produit
sur d'autres parties exposées par bonheur à la
vue.

« La connaissance qu'avait le seigneur espagnol de ce que disaient ses interlocuteurs venait
de ce qu'il avait observé leurs mouvements, en
telle sorte qu'il était capable de converser couramment à la lumière, lors même qu'on n'eût
fait entendre en lui parlant que le chuchotement
le plus léger. Je l'ai vu, d'un bout à l'autre d'une
vaste chambre, répéter des mots dont moi, qui
étais placé tout près de la personne parlante, je
ne parvenais pas à saisir une syllabe ; mais s'il
se trouvait dans l'obscurité, ou bien si l'interlocuteur détournait la tête de façon à ne pas être
aperçu de lui, il n'était plus en état de rien comprendre. »

A son tour, l'*ouïe* peut égaler en délicatesse
les deux sens précédents. Un chef d'orchestre,
un accordeur perçoivent des différences de tons

qui ne sont pas appréciables pour tout le monde[1]. Les chasseurs, les gardes forestiers distinguent avec une grande précision les différents cris ou chants des oiseaux. « Le docteur Rush, dit Abercrombie, mentionne le cas de deux frères aveugles à Philadelphie, qui, lorsqu'ils traversaient une rue, savaient s'ils approchaient d'un poteau, par le son particulier que le sol rendait sous leurs pieds dans le voisinage du poteau. Ils pouvaient dire les noms de plusieurs pigeons apprivoisés avec lesquels ils s'amusaient dans un petit jardin, rien qu'à les entendre voler au-dessus de leurs têtes. »

Quand on rapproche de tous ces faits, suivant la remarque de M. Taine, les cas d'hyperesthésie si fréquents dans le *somnambulisme* et l'*hypnotisme*[2], on s'aperçoit qu'on ne peut poser une

---

(1) « La perception de l'harmonie ou des accords suppose que l'on entend à la fois, tout en les distinguant, plusieurs sons différents. Un degré supérieur de complication est dans la musique d'orchestre, où les accords se composent non seulement de sons différents, mais de timbres différents; et quand la musique orchestrale se joint à la voix, c'est le plus haut degré de la complication : et cependant, par l'habitude d'entendre, on finit par discerner toutes ces choses. » (Paul Janet. *Traité élémentaire de philosophie*.)

(2) Consulter à ce sujet : Joly, *L'imagination*; — Al. Bertrand, *Le somnambulisme*; — Binet et Féré, *Le magnétisme*

limite à l'acuité *innée* ou *acquise* de nos sens.

C'est de six à dix ans que leur éducation paraît surtout facile, parce qu'à cet âge les impressions nouvelles s'organisent chez l'enfant avec plus de rapidité. Il faut donc profiter de ce moment pour leur faire acquérir, au moins dans une certaine mesure, la perfection relative et la finesse que nous venons de constater et qu'ils sont généralement loin d'avoir à l'origine.

Indiquons dans ce but quelques moyens à employer.

Pour la culture générale du sens musculaire

animal. — Une somnambule, soignée par le docteur Mesnet, entendait, pendant ses accès, des sons qui ne parvenaient point aux oreilles des gens placés près d'elle. Elle pouvait coudre et écrire dans une obscurité assez grande pour que les yeux des observateurs ne distinguassent plus les objets. — Même exaltation des sens dans le somnambulisme artificiel: « A plusieurs mètres de distance, des malades ressentent le froid produit par le souffle buccal (Braid). Le compas de Weber, appliqué sur leur peau, provoque une sensation double avec un écart égal à trois, dans des régions où il faut donner à l'instrument un écart égal à dix-huit, pendant l'état de veille (Berger). Le sens visuel présente parfois une suractivité telle que l'étendue du champ visuel peut être doublée, de même que l'acuité visuelle, etc. L'odorat peut être si développé que le sujet retrouve, guidé par l'odeur, les morceaux cachés d'une carte de visite qu'on lui a fait sentir avant de la déchirer (Taguet). L'ouïe est tellement fine qu'une conversation peut être entendue à un étage inférieur (Azam). » (Binet et Féré, p. 99.)

on mieux kinesthétique [1], la gymnastique et les exercices physiques [2] sont tout indiqués. « L'homme qui exerce chaque jour son corps devient plus apte à utiliser ses organes, et leur fait rendre plus de travail parce qu'il sait mieux s'en servir... Il faut une pratique assidue pour apprendre certains mouvements qu'on ne connaissait pas, ou même pour perfectionner des mouvements que l'on connaissait déjà... Chaque mouvement se perfectionne par l'apprentissage, parce que l'exécution finit par en être confiée aux muscles les plus aptes à l'exécuter [3]. »

Le sens musculaire doit recevoir encore une éducation spéciale qui est celle de la main et des organes vocaux.

L'éducation de la main (outre l'appréciation du poids et de la résistance des corps, qui intéresse aussi le sens musculaire en général) « comporte,

(1) Voir ci-dessus, p. 75, note 2.

(2) « L'éducation physique, dit le *Programme officiel de l'enseignement primaire*, a pour but de donner de bonne heure à l'enfant des qualités d'adresse et d'agilité, cette dextérité de la main, cette promptitude et cette sûreté des mouvements, qui, *précieux pour tous*, sont plus particulièrement nécessaires aux élèves des écoles primaires, destinés pour la plupart à des professions manuelles. »

(3) Docteur Ferdinand Lagrange, *ouv. cité*, p. 182-183.

dit M. Rousselot[1], l'apprentissage de l'écriture, du dessin, pour les filles celui de la couture. — L'art d'écrire occupe une place élevée parmi les talents manuels ; les exercices de dessin les plus simples sont incontestablement plus faciles et plus intéressants. Le maître commencera donc par ceux-là, en exerçant d'abord les enfants à mouler des objets en terre glaise, puis à découper des figures en papier, enfin à reproduire sur l'ardoise de petits dessins[2]. Ce travail est plus agréable que de reproduire les lettres de l'alphabet ; il doit donc venir en première ligne. La main, ayant acquis une habitude d'exécution relative, triomphera plus aisément ensuite des difficultés de l'écriture ; et l'enfant ayant déjà fait l'expérience du plaisir que cause un succès obtenu, essayera plus volontiers d'en remporter un nouveau en traçant ses lettres ».

Les exercices d'élocution assoupliront les organes vocaux. On aura soin d'habituer l'enfant à bien *prononcer*. Pour cela, on l'obligera (dût-on

(1) *Pédagogie à l'usage de l'enseignement primaire*, p. 114.

(2) « Le dessin donne de l'exactitude au coup d'œil de l'enfant, *de la souplesse et de l'habileté à sa main*, en même temps qu'il forme son goût et développe en lui le sentiment du beau. » (*Circulaire* de M. Duruy, du 2 juillet 1866.)

lui faire répéter un mot plusieurs fois et y revenir durant plusieurs classes de suite) à articuler distinctement et sans hésitation tous les termes qui se présenteront dans le courant d'une lecture ou d'une interrogation et dont il ne rendrait pas les sons d'une manière exacte. — Le chant trouvera ici son emploi : « Il assouplit la voix, l'adoucit, lui ôte l'habitude des sons criards dont les enfants sont d'abord si prodigues. »(Rousselot.)

De même que les enfants apprennent à toucher ou à parler, ils apprennent à *regarder*. « Ce que nous appelons instruction de la vue, dit M. Compayré [1], s'entend de tout ce qu'elle doit être habituée à discerner pour remplir son office : d'abord les couleurs, ensuite les formes, enfin les distances. Les pédagogues contemporains attachent une grande importance, peut-être une importance exagérée, à l'apprentissage scolaire de la distinction des couleurs. Mais ce qui est assurément utile, c'est la perception rapide, juste, de la forme et de la distance des objets, c'est-à-dire la justesse du coup d'œil.

« Pour acquérir cette qualité, l'enfant doit

---

(1) *Cours de pédagogie*, p. 86.

être habitué à regarder un grand nombre d'objets, et à les regarder dans des situations différentes. Une série graduée de petits jeux[1], de petites expériences, des excursions dirigées par le maître, où le regard de l'élève sera appelé sur des objets lointains dont on se rapprochera peu à peu ; un contrôle incessant du sens de la vue par le sens du toucher ; les objets qu'on a donnés d'abord à voir mis ensuite entre les mains de l'enfant, pour qu'il les palpe et qu'il les mesure, pour qu'il compare les apparences avec la réalité, les illusions de la vue avec les réalités du toucher : voilà quelques-unes des précautions que recommande l'expérience. »

Aux exercices précédents on ajoutera avec fruit des *rédactions sur images*, ou mieux on fera décrire les choses mêmes, les réalités concrètes et vivantes que les enfants auront sous les yeux. On leur apprendra ainsi à démêler chaque détail d'un ensemble ; d'où encore l'importance extrême

---

(1) « Il y a des jeux qui, avec l'avantage d'exercer les membres et de donner de l'adresse, comme la balle molle, le volant, les barres, habituent les enfants à estimer les distances, à acquérir de la sûreté dans leur appréciation, ce qu'on appelle du coup d'œil. Ces jeux conviennent aux petites filles tout autant qu'aux petits garçons. » (Rousselot.)

du dessin [1]. *Ce qui, en effet, aura été nettement vu se conservera mieux dans l'esprit.*

Pour faire acquérir, ou simplement pour développer cette faculté de représentation visuelle, M. Lecoq de Boisbaudran employait, il y a déjà près de quarante ans, un procédé dont l'application généralisée serait certainement profitable :

« Il met devant ses élèves, raconte M. Brierre de Boismont [2], un modèle et leur dit de bien l'examiner, puis, au bout de quelques minutes, il le leur enlève et les fait dessiner de mémoire. Nous transcrivons les réponses des élèves aux questions qu'il leur a adressées sur ce procédé : — D. Lorsque, après avoir étudié votre modèle, il vous est retiré, et que vous cherchez à le dessiner de mémoire, quel moyen employez-vous, quel est votre guide ? — R. Je cherche à me figurer mon modèle, je ne le vois que confusément. — Autre : je le vois mieux en fermant les yeux. — D. Comment faites-vous quand le mo-

---

(1) « Les efforts des enfants pour rendre les objets qui frappent leur vue sont un exercice utile de perception, un moyen de rendre ces perceptions plus exactes et plus complètes. » (Spencer, *De l'éducation*, p. 150.)

(2) Voir aussi L. de Boisbaudran, *Education de la mémoire pittoresque.*

dèle est trop confus ou disparaît? — R. Je fais effort et il devient plus visible ; quelquefois il m'échappe tout à fait, mais avec de la peine, je parviens à le faire revenir. — D. Voici quatre mois que vous vous exercez, éprouvez-vous toujours autant de peine? — R. Non, l'image est beaucoup plus distincte que dans les premiers temps, et, si elle s'en va, je la fais revenir presque à volonté. — Cette réponse a été confirmée par tous les autres élèves. M. le docteur Judée qui a rapporté ces expériences, dit que son frère, professeur de dessin dans un séminaire, a obtenu les mêmes résultats de ses élèves. »

Enfin, pour assurer le perfectionnement de l'ouïe, on habituera d'abord l'enfant à *écouter ;* on lui apprendra de la sorte non seulement à comprendre ce qu'on lui dit, mais encore à parler. On l'exercera ensuite à percevoir les diverses nuances des sons, à entendre distinctement, et dans cette fin l'éducateur dispose du meilleur des procédés possibles : la *musique.*

Nous croyons inutile d'appuyer davantage sur cette culture spéciale des sens. On trouvera tous les détails nécessaires dans les ouvrages de pédagogie ou de psychologie appliquée.

Au surplus, la culture d'un groupe isolé d'images est insuffisante, et il importe, pour favoriser les acquisitions mentales, de *combiner, lorsqu'on se livre à une étude, les diverses images qui peuvent y avoir trait,* de sorte qu'elles s'entr'aident, *se soutiennent l'une l'autre,* « comme plusieurs chevaux attelés à une même voiture ». Ainsi, M. de Boisbaudran, outre le procédé que nous avons mentionné, obligeait encore ses élèves à suivre à distance les contours des figures avec un crayon, les amenant de la sorte à associer la mémoire musculaire à la mémoire visuelle.

Cet emploi simultané des différentes images produit pour la première instruction des enfants d'excellents résultats. Voici comment, d'après M. Buisson (*Rapport sur l'instruction primaire à l'exposition universelle de Vienne*), on l'applique dans les écoles allemandes : « On donne à l'enfant un joli petit livre illustré... Au-dessous de l'objet gracieusement dessiné, le nom est écrit en grosses lettres... Le maître parle aux élèves de l'objet qu'ils ont sous les yeux, à la fois dessiné et écrit ; puis il leur montre les caractères qu'on emploie pour écrire le nom de cet objet. Il écrit lui-même au tableau le mot entier, pour le

décomposer sous leurs yeux, pour leur faire prononcer isolément la voyelle, pour leur montrer
comment les consonnes la modifient... *Voilà pour
l'exercice de l'ouïe et de la vue ; celui de la main
en est le complément immédiat*, et très souvent
même c'est par celui-là que l'on commence...
Quand tout le monde a pris en main la plume,
il dicte à toute la classe les mouvements à faire,
c'est-à-dire les lignes à tracer [1]. »

Cette méthode n'est pas nouvelle : « Montaigne
raconte qu'on lui avait appris en même temps à
lire et à écrire. Jacotot, lui aussi, associait l'enseignement de la lecture et de l'écriture. » —
Elle tend à se' généraliser : « Tous les pédagogues sont unanimes aujourd'hui pour reconnaître
que l'enfant doit être exercé à écrire dès son
entrée à l'école et qu'il ne faut pas attendre pour
cela qu'il soit parvenu à la lecture courante [2]. De

[1] Comparer Rousselot, *ouv. cité*, p. 422-425. « *La leçon
de lecture-écriture*, dit ce pédagogue, *contribue ainsi à l'éducation de l'oreille, de l'œil, de la main et de la parole*; l'enfant apprend à regarder, à écouter, à parler; faut-il ajouter
qu'il apprend à penser? C'est une application directe de la
méthode intuitive, simplifiant les procédés, mais ne cherchant
cette simplification que dans une soumission intelligente aux
lois de l'esprit humain. »

[2] « C'est une bonne méthode que de faire marcher de front

plus en plus on reconnaîtra la vérité de cet axiome pédagogique que « dessin, écriture et lecture, s'appellent et se soutiennent ». (Compayré.)

Pour développer l'intelligence de ses élèves, Pestalozzi combinait les diverses sortes d'images : ainsi « il ne se bornait pas seulement à faire voir, il faisait toucher les objets : l'enfant les tournait, les retournait dans tous les sens, jusqu'à ce qu'il en eût parfaitement saisi la forme et observé les qualités. Pestalozzi allait plus loin encore : il obligeait l'enfant à peser, à mesurer, à analyser les choses matérielles qu'il mettait entre ses mains. Et en même temps il exerçait l'élève à nommer, à désigner par le mot propre les qualités, les rapports, les grandeurs que son regard ou sa main avait distingués dans les objets.

---

l'écriture et la lecture, qui, en se prêtant ainsi un mutuel appui, aident singulièrement aux progrès l'une de l'autre. » (Campagne, *ouv. cité*, art. *Lecture*.) — « Toute méthode isolée d'écriture est défectueuse; tracez les lettres et nommez-les; passez aux syllabes, des syllabes aux mots et des mots aux phrases, et vous enseignez ensemble la lecture, l'écriture, l'orthographe et la grammaire. » (Matter, *l'Instituteur primaire*.) — Comparez Bain, *Science de l'éducation*, p. 178; — Brouard et Defodon, *Inspection des écoles primaires*, p. 309, etc., etc. — Cette méthode d'*écriture-lecture* est déjà très usitée aux Etats-Unis, en Suisse, en Allemagne, en Belgique, en Hollande, en Italie, en Espagne, même en Russie.

« Voir et nommer », tel était le principe de sa méthode élémentaire d'instruction. » (Id., p. 77.)

Dans l'étude d'un grand nombre de sciences, l'on s'applique maintenant *à associer aux images verbales les images visuelles des objets.* « Un livre complet, dit M. Egger (*ouv. cité*, p. 275), est un livre orné de figures ; de même, une leçon de science est imparfaite sans des figures tracées sur un tableau [1] ; d'une manière générale, on n'instruit bien que si l'on parle aux yeux en même temps qu'aux oreilles. Tel est le sens contenu dans les vers d'Horace :

> *Segnius irritant animos demissa per aurem*
> *Quam quæ sunt oculis subjecta fidelibus* [2].

---

(1) Quelques pédagogues même veulent que, pour lui inculquer les premières notions de géométrie, l'on mette l'enfant en présence d'objets matériels. « Ne commençons pas, dit M. Compayré, par montrer à l'enfant des formes idéales dessinées sur le tableau noir. Montrons-lui des choses réelles, des figures et des solides, dont nous lui ferons remarquer les parties et les propriétés. » — Et M. Leyssenne (*Dictionnaire de pédagogie*, art. *Géométrie*) : « On prendra des solides en bois, en terre, en carton; on les mettra entre les mains des enfants; puis, lorsque ceux-ci les auront bien vus, bien touchés, bien retournés en tous sens, on leur dira que ceci est une ligne, ceci un angle, ceci un carré, ceci un cercle, etc., et on leur fera dessiner cette ligne, cet angle, ce carré, ce cercle. »

(2) *Art poétique*, vers 180-181 : « Le récit ne s'adresse qu'à

« Telle est l'utilité des leçons de choses, — des jardins d'enfants, de Frœbel, — des musées scolaires [1]. »

L'union des mêmes images rend l'étude de l'histoire plus claire et plus facile [2]. « Il est à souhaiter, dit M. Buisson, que l'imagerie populaire, sortant enfin de son répertoire trivial, devienne chez nous, comme elle l'est déjà en quelques pays, un moyen de répandre les connaissances utiles, et avant tout *celle de l'histoire du pays*. »

Elle ne convient pas moins à la géographie. « Les mots de la nomenclature géographique, en même temps qu'ils sont confiés à la mémoire, doivent être localisés sur la carte par l'imagination (mémoire visuelle) de l'enfant. » On y

l'oreille, et il agit moins vivement sur l'esprit que les tableaux qu'un œil fidèle lui transmet directement. »

(1) Voir sur ces points les traités spéciaux de pédagogie.

(2) « Parler à l'imagination, dit, à propos de l'enseignement de cette science, M. Rousselot (p. 454), c'est déjà parler aux yeux; on leur parlera sans intermédiaire par les tableaux-images lithographiés ou coloriés, qui sont comme la représentation vivante des faits. La géographie viendra en aide à l'histoire, dans le même but : pas un nom de pays, de ville, de fleuve, de bataille, de traité qu'on ne fasse chercher sur la carte. Lorsqu'on racontera la marche d'une armée, on la fera suivre également sur la carte. »

ajoute les *images musculaires graphiques*. Les
cartes dessinées par l'élève exercent sa main ;
en même temps qu'une « préparation au dessin,
elles sont le plus court moyen de fixer les souvenirs géographiques... En dessinant une carte,
dit M. Bain, l'élève grave dans sa mémoire les
traits principaux du pays que cette carte repré-
sente, tout comme, en copiant un passage d'un
livre, il grave dans sa tête les expressions et les
idées de l'auteur ». (Compayré.)

N'insistons pas. Nulle méthode ne saurait être
absolue, et l'initiative personnelle, pourvu qu'elle
soit éclairée et réfléchie, créera dans bien des
cas des procédés appropriés et féconds. Il appartient donc à l'éducateur de voir pour chaque étude
l'emploi judicieux qu'il pourra faire des différentes
espèces d'images. Il nous suffit d'en avoir montré
la raison et l'utilité.

CONCLUSION

Résumons en quelques propositions les points les plus importants de la théorie que nous venons d'exposer :

L'activité intellectuelle s'exerce principalement sur les sensations et images visuelles, auditives, tactiles — musculaires et sur les idées qui en dérivent, — soit isolées, soit associées, — avec l'aide des mots qui expriment tous ces faits psychiques ;

Chaque cerveau n'est pas également propre à percevoir toute espèce de sensations et par suite à conserver toute espèce d'images. Si parfois celles-ci s'équilibrent, il arrive souvent que tantôt les images visuelles, et tantôt les images auditives ou les images tactiles-musculaires ont une prédominance plus ou moins marquée. De là provient la diversité des esprits. La cause organique en paraît due à un développement inégal des régions cérébrales, sous l'influence primitive de l'hérédité ;

La prédominance dans un esprit d'un ordre d'images lui assure des aptitudes prononcées pour une science, un art, une profession. Le rôle de l'éducateur est donc de s'appliquer à la reconnaître, afin, s'il y trouve un réel avantage, de pousser l'enfant dans la voie que lui trace la nature ;

Cependant, à cause des dangers qui peuvent résulter de la culture trop exclusive d'un genre d'images, la vraie tâche de l'éducateur consistera à former des esprits où les diverses espèces d'images se contre-balancent : il y aura double profit en effet, puisque les périls signalés seront moins à redouter, et les aptitudes de l'enfant plus variées ;

Afin d'y réussir, l'éducateur devra associer aux images facilement conservées dans un cerveau celles qui le sont peu ; — s'appliquer, en même temps, à cultiver chaque espèce d'entre elles prise à part ; — puis, pour les études et les divers exercices intellectuels des enfants, faire, quand il sera possible, simultanément appel aux trois sortes d'images, qui se fourniront alors un mutuel appui.

Voilà quelques principes dont, croyons-nous, s'inspireront utilement tous ceux qui ont souci de donner une instruction à la fois rationnelle et pratique.

TABLE DES MATIÈRES

ÉVREUX, IMPRIMERIE DE CHARLES HÉRISSEY

BAIN (Alex.). Les Sens et l'Intelligence. 1 vol. in-8°. Traduit par M. Cazelles. 2e édit. . . . . 10 fr.

— L'Esprit et le Corps. 1 vol. in-8°, 4e édit. . . . 6 fr.

— La Science de l'Education. 1 vol. in-8°, 6e édit. . 6 fr.

BALLET (G.), professeur agrégé à la Faculté de médecine. Le Langage intérieur, et les diverses formes de l'aphasie, avec figures dans le texte. 2e édit. 1 vol. in-18 . 2 fr. 50

CHARLTON BASTIAN. Le Cerveau, organe de la pensée, chez l'homme et chez les animaux. 2 vol. in-8°, avec figures. 2e édit. cart. . . . . 6 fr.

BINET (A.). La Psychologie du raisonnement, expériences par l'hypnotisme. 1 vol. in-18. . . . . . . 2 fr. 50

BINET et FÉRÉ. Le Magnétisme animal. 1 vol. in-8°, avec figures. 3e édit. cart. . . . . 6 fr.

BRIERRE DE BOISMONT. Des hallucinations, ou Histoire raisonnée des apparitions, des visions, des songes, de l'extase, du magnétisme et du somnambulisme. 3e édit., très augmentée. 1 vol. in-8°. . . . . 7 fr.

EGGER (V.), professeur à la Faculté des lettres de Nancy. La Parole intérieure. 1 vol. in-8°. . . . . . . 5 fr.

FERRIER. Les Fonctions du cerveau. 1 vol. in-8°, traduit de l'anglais par M. H.-C. de VARIGNY, avec 68 figures dans le texte. . . . . 3 fr.

F. LAGRANGE. Physiologie des exercices du corps. 1 vol. in-8°, cart., 6e édit. . . . . 6 fr.

LIARD, directeur de l'enseignement supérieur. La Science positive et la Métaphysique. 1 vol. in-8°. 2e édit. 7 fr. 50

LUYS. Le Cerveau et ses fonctions, avec figures. 1 vol. in-8°. 6e édit. cart. . . . . 6 fr.

MALEBRANCHE. De la recherche de la vérité, livre II (de l'Imagination), avec notes, par M. Pierre JANET, professeur au Collège Rollin. 1 vol. in-12. . . . . . . 1 fr. 80

DE MEYER. Les Organes de la parole et leur emploi pour la formation des sons du langage. 1 vol. in-8°. avec 51 fig., précédé d'une Introduction par M. O. CLAVEAU, cart. 6 fr.

PAULHAN. Physiologie de l'esprit. 1 vol. petit in-18, br. . 60 c.
Cart. . . . . 1 fr.

RIBOT (Th.), directeur de la *Revue philosophique*. L'hérédité
psychologique. 1 vol. in-8°, 4° édit. . . . . . . 7 fr. 50
— Les Maladies de la volonté. 1 vol. in-18, 7° édit. 2 fr. 50
— Les Maladies de la mémoire. 1 vol. in-18, 8° édit. 2 fr. 50

RICHET (Ch.), professeur à la Faculté de médecine. Essai de
psychologie générale (avec fig.). 1 vol. in-18, 2° édit. 2 fr. 50

HERBERT SPENCER. Principes de psychologie. Traduits par
MM. Ribot et Espinas. 2 vol. in-8°. . . . . . . 20 fr.

— De l'Éducation physique, intellectuelle et morale. 1 vol.
in-8°, 8° édit. . . . . 5 fr.

STRICKER. Le Langage et la Musique, traduit par M. Schwiedland. 1 vol. in-18. . . . . 2 fr. 50

JAMES SULLY. Les Illusions des sens et de l'esprit. 1 vol.
in-8°, avec figures, 2° édit. cart. . . . . 6 fr.

REVUE PHILOSOPHIQUE
DE LA FRANCE ET DE L'ÉTRANGER
Dirigée par TH. RIBOT
Professeur au Collège de France. (18° année, 1893.)

La REVUE PHILOSOPHIQUE paraît tous les mois, par livraisons de 7 feuilles grand in-8°, et forme ainsi à la fin de
chaque année deux forts volumes d'environ 680 pages
chacun.

Prix d'abonnement :

Un an, pour Paris . . . . 30 fr.
Un an, pour les départements . . . 33 fr.
La livraison . . . . 3 fr.

Les années écoulées se vendent séparément 30 fr., et par
livraisons de 3 fr.

Table générale des matières contenues dans les 12 premières années (1876-1887). 1 vol. in-8°. . . . . . . 3 fr.

www.ingramcontent.com/pod-product-compliance
Lightning Source LLC
Chambersburg PA
CBHW072247270326
41930CB00010B/2299